講談社文庫

この馬に聞いた！

武　豊

講談社

この馬に聞いた！　目次

この馬に聞いた!

桜花賞はファレノプシスで

毎年、4月のこの時期、桜花賞からスタートするGIシリーズには、僕も本当に胸がドキドキし、まるで遠足を翌日に控えた小学生のように興奮します。まして、力のある馬に乗せてもらうことが決まっている年は、気合の入り方も〝二百パーセント〟というところです。

このレースはもらった！　あのレースもいけるぞ！　いや、これだって勝てる……と、一本一本指を折り、気が付くと、全部のGIレースを完全制覇できるような気分になっています。

とりわけ、4月12日に阪神競馬場で行われる桜花賞は、僕にとっては一番好きなGIレースです。

なぜこの桜花賞が好きなのか？　デビュー3年目の'89年にシャダイカグラ。'93年にはオークスと合わせて2冠馬となったベガ。翌'94年にはオグリキャップの妹オグリローマンと、すでに3勝を挙げているという相性の良さもありますが、やっぱり、GIシリーズの開幕戦、ということが大きな理由になっています。

’97年は残念ながら騎乗する馬がなく、この大好きな桜花賞をジョッキールームのモニターで観戦。

「あの馬、調子よさそうやな」

「こいつはアカン、かなり入れ込んどるわ」

レースが始まる前は、僕と同じように桜花賞には乗らない仲間と、結構、無責任に、あーでもない、こーでもないと騒いでいたのに、時間とともにドッキン、ドッキン。スタートしたときには、思わずコブシを握り締めていました。

「まったく、こんなに緊張するんなら、乗ってたほうがよっぽどいいよ」

レースが終わったときには、全身の力が一気に抜けてしまうほど、ドッと疲れたのを思い出します。

さぁ、そして’98年。

’97年秋からまたしても乗る馬に恵まれず、今年もまたモニター観戦か……と、半ば諦めていたところに、過去にビワハイジなどの名牝を育てあげた浜田光正先生から、嬉しい騎乗依頼を受けました。

彼女の名はファレノプシス。

デビュー戦をブッちぎり、続くさざんか賞、エルフィンSと3連勝を飾った素質馬。ビワハヤヒデ、ナリタブライアンを生んだパシフィカスの妹キャットクイルを母に、名種牡馬ブライアンズタイムを父に持つ良血馬です。

乗り替わりというのは、関係者の方の熱い期待がド〜ンと肩にかかってきます。ただ、それがプレッシャーになる人もいるでしょうが、僕の場合は喜びになります。

ユタカなら何とかしてくれる。ユタカに任せれば勝てる……関係者やファンの方にそう思っていただけるというのは、ジョッキー冥利に尽きるというものです。

原稿を書いている時点では、まだ一度も調教に乗っていないので詳しいことはわかりませんが、ファレノプシスは血統的にはマイルから中距離が守備範囲。エルフィンSを見た限りではスピードもありそうだし、競馬のセンスも良さそう。前回大きく減っていた体重が元に戻ってさえいれば、いい競馬ができそうです。

スタートの出遅れが響いて4着に終わったチューリップ賞。しかし、ファレノプシスがあれで終わり、とは、僕は思いません。そのためにもまずはスタート。ゲートの中でプイッと横を向いてしまうクセがあるというファレノプシスをうまく御して、他の馬と互角のスタートさえ切れれば、何とかなりそうな気がします。

おそらく、当日の1番人気は松永幹夫騎手が騎乗する、圧倒的なスピードを有するロンドンブリッジ。シンザン記念で牡馬を相手に5馬身もちぎったダンツシリウス。新種牡馬、メジロマックイーン産駒のエイダイクイン……あたりということになるのでしょうが、ファレノプシスにもチャンスは十分。

翌週（4月19日）に控える皐月賞のためにも、ここはキッチリ、いいレースがしたいですね。

1998年4月12日　阪神

第58回桜花賞（GⅠ）

ファレノプシス
1着（3番人気）

1　ファレノプシス
2　ロンドンブリッジ
3　エアデジャヴー

枠連　5－7　920円
馬連　9－15　2010円

スペシャルウィーク　待望の皐月賞！

いよいよ牡馬クラシックの第1弾・皐月賞。今年の僕の「お手馬」スペシャルウィークは、元気いっぱいです。

僕がはじめて皐月賞を勝たせてもらったのは、'93年のこと。騎乗馬は、掛かり癖のあるナリタタイシンでした。

あの年人気を集めていた馬は、まず、皐月賞の前哨戦・弥生賞まで、４連勝を飾った柴田政人現調教師騎乗のウイニングチケット。そして、若葉Sを勝ち上がってきた岡部幸雄騎手騎乗のビワハヤヒデが2強と呼ばれ、僕とナリタタイシンは、伏兵馬という評価でした。

しかし、走る以上は、たとえどんなレースでも1着を狙う！　デビュー以来、つねにそう心がけてきた僕は、ナリタタイシンの末脚にすべてを賭けることにしました。

御存知のように、皐月賞が行われる中山競馬場は、１周１６００ｍの小回りコース。２０００ｍを走る間にきついコーナーを４度も回らなければなりません。万が一外に振られでもしたら、その距離ロスは、取り返しがつかないほどのハンディになります。

加えて、中山競馬場は毎年皐月賞の時期に、仮柵が外され、馬場の内側に走りやすい「グリーンベルト」ができます。したがって、テンの速い馬が内ラチいっぱいを軽快に走り抜けたら、追い込み馬にとっては、かなりキツイ展開となるのです。それでも僕は、最後方待機に賭けました。

芝のいい内で、僕とナリタタイシンはジッと我慢比べ。残り２００ｍで一気にＧＯサインを出しました。そして、馬群の真ん中を割って抜け出すと、1完歩ごとに2強との差をつめ、ゴール前では計ったようにキッチリと2頭を差し切ったのです。

あの時は、中山競馬場に響く大喚声に、まさに酔いしれるような気分でしたね。

ところで、この連載は「この馬にきいた」というタイトルです。

武豊は、馬と会話ができるらしい……実は、この皐月賞を勝ったあたりから、そんなことを言われるようになったのですが、いくら僕でもそこまではできません（笑）。

ただ、僕はレースでも調教でも、

「こいつ、いま、何を考えてるんやろう？」

と思いを巡らせてばかりいます。そのためか、ちょっとしたしぐさや動きで、馬の気持ちがなんとなく分かるようになったのは確かです。

スタートのうまさや的確な判断力……一流の騎手と呼ばれるには、いくつかの条件があると思いますが、いかに馬の気持ちを尊重してあげるか？　というのも、間違いなくそのうちのひとつに挙げられるでしょう。

さぁ、そして、スペシャルウィークです。

サンデーサイレンスを父に持つこの馬は、産駒特有の気の強さと根性を兼ね備えた4歳馬。3歳のころ、初めて会った時から、

「雰囲気がダンスインザダークにそっくりやなぁ」

と、思わずつぶやいてしまったほど、僕が惚れ込んでいる馬です。

ゴール前では激しい闘志をかき立てるのに、ふだんはおっとりしているから、レースへ行っても引っ掛かることはないし、距離が伸びてもＯＫ！　何よりも、ＧＯサインを発した後の加速感はすごく、エンジン性能がまったく違うという感じです。

その実力を、スペシャルウィークが遺憾なく発揮したのが、3月8日の弥生賞です。

4コーナーを回って直線を向いた時点では、逃げるセイウンスカイからはるか後方。誰もがもうダメだと思ったでしょうし、僕自身も、

「さすがに、ヤバイかな……」

と、考えたほどです。

ところが、ステッキ一発でメインエンジンを点火すると、スペシャルウィークは瞬《また》く間にセイウンスカイを捉え、ゴール板を駆け抜けていました。あの末脚は、まさに'96年菊花賞でのダンスインザダークそのものです。

その年、ダンスは皐月賞に出走できませんでした。でもスペシャルウィークは、いまのところ至って順調。この馬で、ぜひナリタタイシン以来の勲章を手にしたいですね。

1998年4月19日　中山

第58回皐月賞（GⅠ）

スペシャルウィーク

3着（1番人気）

1　セイウンスカイ

2　キングヘイロー

3　スペシャルウィーク

枠連　2－6　1280円

馬連　3－12　1710円

シーキングザパール　〝魔女〟の復活なるか

「桜咲いた、武豊4度目V」

桜花賞翌日の4月13日、スポーツ新聞には、こんな大きな見出しが躍っていました。

スタート前は、期待半分、不安半分……という気持ちでしたが、終わってみれば百パーセント会心のレースでした。

新馬戦、さざんか賞、エルフィンSと、デビューから3連勝を飾りながら、桜花賞トライアルのチューリップ賞で4着だったために、評価を下げていたファレノプシス。

ただ、第1話でもふれたように、チューリップ賞で減っていた体重が元に戻ってさえいれば、十分にチャンスはある！　と、思っていましたから、桜花賞当日、プラス10kgという数字を見た時は、心の中でガッツポーズをしていました。

「あとはスタートだ。最高のスタートとはいわない。普通でいい。遅れずに出てくれ」

発走前、ゲートの中でキョロキョロと物見をするファレノプシスの首を叩きながら、僕は祈るような気持ちで話しかけていました。

ところが、そんな心配をよそに、ゲートが開いたと同時にドンピシャのスタート。騎乗していた僕が驚くような反応のよさです。

すぐに手綱をグッと絞って道中は6〜7番手。最初からその位置を狙っていたわけではないのですが、逃げたロンドンブリッジをはじめ、1番人気のダンツシリウス、エイダイクイン……といった、有力馬を前に見ながら進めるという最高の位置取りです。

ペースもスタート直後は、

「スローになるのか？」

と、一瞬、判断に迷うほどでしたが、1000m通過が57秒7の超ハイペース。ファレノプシスにとっては、すべてが理想的な展開でした。

こうなると後はもう、最後のGOサインを出すだけ。4コーナーを回って、比較的馬場のいい外に持ち出し、ステッキ一発。直線半ばでは、ほぼ勝利を確信していました。

むしろ意外だったのは2着以下の結果です。ゴール直後、「ユタカ、おめでとう」と右手を差し出した横山典弘騎手とタッチを交わしたのですが、この時点では、僕は横山騎手騎乗のエアデジャヴーが2着に食い込んだとすっかり思い込んでいました（どうやら、横山騎手もロンドンブリッジを差し切ったと勘違いしていたようなのですが……）。

残念ながら結果は、頭差届かずの3着。でも、オークスではファレノプシスの強力なライバルになるでしょうね。

さて、京都競馬場でGⅢ・シルクロードS（芝１２００ｍ）が行われます。パートナーは昨年、GⅠのNHKマイルカップを勝った森厩舎のシーキングザパール。'97年9月のローズSに出走後、喉を痛めて手術を受けて以来、実に7ヵ月ぶりの実戦になります。

シーキングザパールは、3歳時、速いことは速いけれど、どこに走っていくかわからないという、わがまま娘でした。そのため、〝きまぐれな魔女〟といわれたほどです。

しかし彼女も、4歳になってからはグンと成長してくれました。後続を3馬身も突き放したシンザン記念。断然の1番人気に応えたフラワーカップ。4角最後方18番手から、直線だけで17頭をゴボウ抜きにしたニュージーランドトロフィー4歳S。そして、夢にまで見たGⅠ・NHKマイルカップでの戴冠と、破竹の重賞4連勝を飾ったのです。

彼女は5歳になったわけですが、厩舎の方の話では、

「手術後の休養が、シーキングをさらに大人にした」

ということですから、今週もまた期待大です。

正直にいうと、以前は、
「落とされたらかなわんな」
と、調教に乗るのも嫌な馬でしたが、気性が穏やかになれば、シーキングのスピードは超一級品。搭載エンジンの性能が一枚も二枚も上です。１２００ｍならば、持ち前のスピードで押し切ってくれるのではないでしょうか。

今後の進路はシルクロードSの結果次第ということですが、うまくいけば、同じ１２００ｍで行われるＧⅠ・高松宮記念（5月24日中京競馬場）、さらには安田記念（6月14日東京競馬場）と、夢は果てしなく広がっていきそうです。

1998年4月26日　京都

第3回シルクロードステークス（GIII）

シーキングザパール

1着（4番人気）

1　シーキングザパール
2　マサラッキ
3　シンコウフォレスト

枠連　1－2　1670円
馬連　1－2　1680円

マイネルラヴ　人気薄の馬でV2を

ゴールデンウィークが終わって1週間。皆さんはどうお過ごしになりましたか？
僕たちジョッキーには、あまりピンとこないのですが、それでもこの期間、地方競馬に行くと親子連れでいっぱい。今年もまた例年通り、新潟競馬の大型交流レースに出走させていただき、たくさんの応援をいただきました。

残念ながら、5月3日、京都競馬場で行われた第117回春の天皇賞では、僕は騎乗馬がなく、最終レースのパドックで観戦していました。

イナリワン、スーパークリーク、メジロマックイーン（2年連続）と、通算4度このレースに勝ち、僕自身、大好きなレースのひとつだけにちょっぴり残念。後半の地方競馬の成績と合わせて、曇りのち晴れといったところでした。

注目の天皇賞は、スローな展開を読み切った兄弟子・河内騎手騎乗のメジロブライトが、2周目の向こう正面で加速。シルクジャスティスとの2強対決といわれたレースを制し、重賞4連勝を達成しました。河内騎手、そして関係者の皆さん、本当におめでとうございます。

メジロブライトについては、「強いなぁ」のひと言です。順調に行けば宝塚記念でエアグルーヴと対決することになるんでしょうが、「これは手強いぞ」という気分ですね。

でもまぁ、レースはまだ2ヵ月も先。悩むのは止めにして、話題を今週の騎乗馬にかえましょう。

5月16日、土曜日のメインレースがGⅡ・京王杯スプリングC。翌17日、日曜日には、GⅠのNHKマイルカップが行われます。僕が騎乗する馬は、京王杯スプリングCがアマジックマン、NHKマイルカップがマイネルラヴです。

アマジックマンとのコンビは、昨年の安田記念以来2度目になります。5歳時はヨーロッパで、6歳以降はアメリカを主戦場に活躍しているだけあって、持っている能力は二重丸。GOサインに反応する瞬発力は、他馬を圧倒するものを持っています。

問題は気性面です。以前もレース中何度か手綱を持っていかれそうになり、かなり慌てたことを思い出します。ただし、今年に入ってアメリカのレースを勝っているということで、期待は大。距離適性もバッチリだし、ゴール前、みんなをアッといわせるシーンを作りたいですね。

そして、この京王杯スプリングＣには楽しみがもう一つあります。イギリスのトップジョッキー、ランフランコ・デットーリ騎手が久しぶりに来日、ターフで腕を競い合えることになりました。

前回一緒のレースに出たのは数年前のフランスのレースで、ずいぶん久しぶりですが、すごく楽しみにしています。

こういうのをスポーツ新聞的に書くと、ライバル心、メラメラ……とでもなるんでしょうか。ただ、デットーリ騎手の生年月日は'70年12月15日。僕が'69年３月15日ですから、騎手としてはほとんど〝同期生〟という感じで、ライバルというよりは「懐かしい友人」に近い気持ちですね。

さぁ、そして、翌17日に行われるＧⅠ・ＮＨＫマイルカップはマイネルラヴで挑戦することが決まりました。この馬はニュージーランドＴ４歳Ｓで３着に入り、優先出走権を取った注目馬。主戦ジョッキーの蛯名騎手がトキオパーフェクトに騎乗するため、僕に回ってきましたが、内心、「またもラッキーやな！」と、ニッコリの気分です。

昨年、このレースを制したシーキングザパールと父（シーキングザゴールド）を同じくするマイネルラヴの魅力は、どんな相手とも互角に対抗できる安定感と斬れ味鋭い末脚です。

人気を集めるのは、ニュージーランドT4歳Sを制したエルコンドルパサー、同2着のスギノキューティー、現在4連勝中のトキオパーフェクト……といったところでしょうか。

僕自身、このレースは昨年に続きV2がかかりますが、今年は一転して気楽な立場。本命馬で完勝するのも騎手の面白みですが、人気薄の馬に騎乗して勝つのもまた魅力のひとつ。今から結構、燃えています。

1998年5月16日　東京

第43回京王杯スプリングカップ（GII）

アマジックマン　9着（2番人気）

1　タイキシャトル
2　オースミタイクーン
3　ブラックホーク

枠連　1－2　1530円
馬連　1－4　1680円

1998年5月17日　東京

第3回NHKマイルカップ（GI）

マイネルラヴ　7着（4番人気）

1　エルコンドルパサー
2　シンコウエドワード
3　スギノキューティー

枠連　3－5　1410円
馬連　5－9　1840円

シーキングザパール　高松宮記念も楽勝⁉

中京競馬場で、4歳、古馬混合の短距離スペシャリストNo.1を決めるGⅠ・高松宮記念が開催されます。'96年にGⅠに格上げされた電撃の6ハロン、距離1200mの勝負です。

僕のパートナーは、おなじみ森厩舎のシーキングザパール。'97年のNHKマイルカップ馬です。デビュー時からコンビを組んでいるのですが、新潟3歳ステークスではスタート直後に外に向かって一直線。あわや落馬一歩手前まで追い込まれた〝気まぐれな魔女〟です。

そんな彼女も昨年の秋、のどの弁に障害を起こす喉《こう》頭《とう》蓋《がい》エントラップメントという奇病を発し、手術を余儀なくされました。一時は再起さえも危ぶまれましたが、7ヵ月ぶりの実戦となった前走シルクロードステークス（4月26日、京都競馬場）を快勝。あらためてGⅠウイナーの強さを見せつけてくれたと思います。

ただしあのレースの当日、スポーツ新聞を見ても、専門紙を見ても、印はポツリポツ

り。当日の人気も4番人気でしかなく、正直、

「なんで？　ウソやろう」

と思っていました。

1週前の追い切りで騎乗した時には、

「悪くはないな」

と、思っていただけに、この人気のなさは、逆に僕を不安にさせたくらいです。

ただし、高松宮記念に向けこれで万全かというと、そんなに簡単ではないと僕自身は考えています。

気のはやい評論家の方たちは、早くも、シーキングザパールで断然！　という書き方をされているようです。でも前走は、スタート、道中の位置取り、レース展開、スパートのタイミングなど、すべてパーフェクトに決まったうえで、最後にマサラッキをギリギリ「クビ差」かわしての1着。

僕にすれば、

「うまく、行き過ぎ……」

という感じがしているだけに、この結果で即、高松宮記念も楽勝！　という気持ちにはなれません。

もちろん、一度使っての上積み、負担重量の1kg減など、プラス材料もありますから、結局のところ差し引きゼロというところでしょうか。

この後に続く、オークス、ダービーのためにも、ここはひとつ、周りの楽勝ムードに浮かれることなく、慎重にレースを進め、キッチリと勝ちにいきたいと思います。

ちょっと話は変わりますが、このシーキングザパールが所属する森厩舎は、毎年、積極的に海外へ出て行くことで有名です。'95年には、蛯名正義騎手騎乗のフジヤマケンザンで、香港国際C（国際GⅡ）を制覇しました。これは、日本馬が日本人騎手の騎乗で初めて海外の重賞レースを勝った、という快挙でした。いまの競馬界にあっては、一風変わったムードを持つ厩舎です。

僕自身、毎年海外に遠征します。外国馬ですが、海外重賞を勝ったこともあります。だからこそ、その大変さも、嬉しさもよくわかるつもりです。

普段は、日本人だ！　みたいなことはぜんぜん意識していないのに、勝ったとたん、

「どうだ、オレはジャパニーズ・ジョッキーだ！」

という気分になって胸を張ってみたり。なんとなく日本代表という気分になってしまいます。

また、日本にいると、人気を裏切れない……という気持ちが先行して、自分も心から

レースを楽しむという気持ちが薄れがちですが、海外へ出ると、

「タケ？　誰だそれは⁉　ホントにジョッキーなのか？」

といった程度の認識ですから、レースも次第に大胆になり、万馬券を連発。いまでは、

「あ〜、あの穴を出すジョッキーか」

と、呼ばれているほどです。

ただし、レースはものすごくシビアですよ。日本の競馬では、内の4〜5番手あたりにつけると、いい位置だといわれますが、海外でその位置につけると、絶対に出てこられない。ほとんど、そこで競馬は終わりという感じです。

今年はまだ海外の予定はありませんが、できればシーキングザパールで高松宮記念を勝ち、森先生に海外に連れていっていただければなぁ……などと考えています。

1998年5月24日　中京
第28回高松宮記念（GⅠ）
シーキングザパール
4着（1番人気）

1　シンコウフォレスト
2　ワシントンカラー
3　エイシンバーリン
枠連　1－4　2510円
馬連　1－8　2450円

ファレノプシス　距離延長もＯＫ！

　４月12日の桜花賞（阪神競馬場）から始まった春のクラシック戦線も、今週のオークス（東京競馬場２４００ｍ）から後半戦に入ります。３月の時点では、

「もしかしたら、全部、勝てるんじゃないかな……」

なんて、思ったりもしましたが、やっぱり競馬はそんなに簡単なものじゃありませんでした。

　馬の実力に運・不運がプラスされる現実のレースで、ＧＩを二つ、三つと勝つことは、想像以上に難しいものです。

　ただ、天候や距離は、どの馬にも公平に降りかかってくる条件ですから仕方ありません。ですが、皐月賞の時のように、馬場の内と外で、芝の状態がまるで違ったような（外の芝は荒れて穴だらけでした）、そんな不平等は、何とかしてほしいと思います。

　勝ったから、負けたからというわけではありません。競馬に関わる人間の一人として、このままではファンのＧＩへの興味が失われていく結果になるのではないか……。

そう考えると怖くなってきますね。

まあ、あまり考え込んでも仕方がないので、気持ちを切り替えて、オークスの話題に移りましょう。

オークスで僕が騎乗するのは、もちろん、桜花賞馬のファレノプシス。展開、位置取り、ラストスパートのタイミング……すべてがパーフェクトに決まった桜花賞に比べると、マークもキツくなるでしょうから、簡単にはいかないと思います。それでも、

「自信は？」

と、質問されたら、胸を張って、

「期待しています！」

と、答えるでしょうね。

初めての東京コース、初めての長距離輸送、初めての２４００ｍ、初めての左回り。何もかもが初めてで多少不安もありますが、それはどの馬もほぼ同じ条件です。僕の馬だけが特別不利を受けるというわけではありませんから、あまり気にはなりません。

東京２４００ｍの場合、スタート直後にスタンドの前を通る時、大観衆の喚声に驚き、掛かってしまう馬もいます。でも、ファレノプシスは落ち着きのある馬。その点も

問題なさそうです。

一部では、１マイルから一気に８００ｍも距離が延長されることで、ファレノプシスの距離適性を疑問視する声も上がっているようですが、どうでしょう。

僕自身は、そんな声が上がれば上がるほど、’93年、桜花賞とオークスの2冠を制したベガのことを思い出します。

あの年、僕と厩舎の方の考えは、はじめから桜花賞よりむしろオークス向き！　ということで一致していました。

ところが、首差まで詰め寄られた桜花賞の結果から、マスコミでは、距離が延びれば逆転されるという考えが大勢を占め、オークス直前には、「ベガに距離の壁！」という活字が大きく躍ったのです。

でも、正確に言うと、あの時の桜花賞は、発表こそ「良」の馬場でしたが、じつは馬場状態は最悪だったのです。そのため、追い込んでも勝てないという判断がありました。

ですからレースでは、最後に脚があがるのを覚悟で抜け出し、ギリギリ粘ったというのが本当のところで、いわば、すべて計算通りの勝利。桜花賞の結果をそのままオークスへ当てはめることはできなかったのです。

結果は皆さんがよく御存知のように、2着ユキノビジンに1馬身¾差の勝利を収めることができました。

当然、ベガとファレノプシスを同一視することはできませんが、ファレノプシスは道中、引っ掛かるクセもないし、素直で乗りやすい馬です。だから、距離延長に関しても、プラスではないかもしれませんが、マイナスでもない！　というのが僕の判断ですね。

オークスはもともと、ベガだけでなく、'95年のダンスパートナー、'96年のエアグルーヴと3度制覇している、結構相性のいいレースです。

翌週に控えるダービー、そして安田記念、宝塚記念と続く、春のＧⅠの後半戦にむけて、ラストスパートをかける意味でも、ぜひともいい結果を出しておきたいと思っています。

1998年5月31日　東京

第59回オークス（GⅠ）

ファレノプシス

3着（1番人気）

1　エリモエクセル

2　エアデジャヴー

3　ファレノプシス

枠連　3－7　1880円

馬連　6－14　2300円

スペシャルウィーク　強運なパートナー

いよいよ、日本ダービーがやってきました。パートナーは、もちろん、スペシャルウィークです。

僕がはじめてダービーに参戦したのは、デビュー翌年の’88年。16番人気のコスモアンバーに騎乗してのレースでした。結果も16着。

「何もできないうちに終わってしまった」

という思い出しかありません。翌年も、同じように参加させてもらっているだけで、ダービー・ジョッキーになるというのは、夢のまた夢といった雰囲気でした。

初めて「もしかしたら」と期待をしたのは、’90年のこと。その年の皐月賞を制したハクタイセイとのコンビで参戦したダービーです。

「ハタチかそこらでダービー・ジョッキーになれたら、カッコええやろうな」

内心、ひそかに期するものがありました。もっとも結果は5着で、そう甘いものじゃありませんでしたけど。

そのように「遠い栄冠」だったダービーが、グッと身近になったような気がしたのは、やはり皐月賞馬ナリタタイシンで臨んだ'93年です。

ダービーは、道中7〜8番手、いわゆる「ダービーポジション」にいないと勝てないといわれます。でもその年は、あえて後方一気に追い込む競馬で勝負しました。それでも差がない3着にまで食い込めたことが、僕の大きな自信になりましたね。

「強い馬は、どんなポジションにいても勝てるんや」

この気持ちが、ダービーを目前に控えたいま、僕の心のゆとりになっているような気がします。

作戦はまだ決めていませんが、スペシャルウィークも、最後の直線で末脚を爆発させるタイプの馬です。3着に敗れ、悔しい思いをした皐月賞の鬱憤《うつぷん》を晴らすためにも、気合を入れ直して、当日を迎えたいと思っています。

ただ、やっぱりダービーは特別なレース。小さいころからの夢でしたから、緊張感もあります。〝ダービー・ジョッキー〟という呼称には、僕も憧れがあります。一度はそう呼ばれてみたいですよね。

きっとファンの皆さんにとっても、ダービーは他のGIとはまったく違うものなんじゃないでしょうか。

「ダービーは正座して見るもんや」

といって、毎年、本当に正座して見ている友人がいますが、それくらい居住まいを正して見る価値のあるレースだと思います。


ところで、皐月賞は速い馬が、ダービーは運のある馬が、菊花賞は強い馬が勝つといわれているのは、みなさんもうご存じですよね。

僕は、必ずしもこの言葉に賛成するわけではありませんが、こと今回のダービーに関しては、この運というヤツを強く感じています。

スペシャルウィークは3戦目に、５００万下のレースを使う予定でいたのに、除外になりました。本当なら、その後の予定がすっかり狂う大ピンチです。しかし、結果的にはきさらぎ賞に直行し、格上挑戦のこのレースを制して、ほぼダービーへ出走できるだけの賞金を得たのです。

「こいつ、すごい強運の持ち主なんじゃないかな」

と、思わずつぶやきました。

「ダービーを勝つ馬って、もしかしてこういう馬なんじゃないのかな……」

そう思うこともあります。

もちろん、結果は、走ってみなければわかりません。

皐月賞を制した横山騎手騎乗のセイウンスカイ、(福永)祐一のキングヘイロー、どちらも強い馬です。

スポーツ紙上では、賑やかにダービーの予想が展開されています。でも僕は、スペシャルウィークを信じて、その力を最大限に出すことだけを考えています。悔いを残さないためにも、やるべきことはきちんとやる。そして、できるならば1番人気に支持されて、どの馬よりも先にゴール板を駆け抜けたい。

日本では毎年、1万頭近くのサラブレッドが生まれます。しかし、その頂点である「日本ダービー馬」に輝くのは、ただ1頭。

準備はすべて整いました。後は、当日のファンファーレを待つのみです。

1998年6月7日　東京

第65回日本ダービー（GⅠ）

スペシャルウィーク

1着（1番人気）

1　スペシャルウィーク

2　ボールドエンペラー

3　ダイワスペリアー

枠連　3－8　2590円

馬連　5－16　13100円

シーキングザパール　勝つチャンスあり

安田記念で思い出すのは、誰がなんと言っても、オグリキャップとのコンビで初制覇した'90年のレースです。

騎乗依頼をいただいたときは、まさか！　と思いました。

「ほんとにあの、オグリキャップなの？　もしかしてオグリキャップという名前の違う馬なんじゃ……」

と、冗談ではなく一瞬、疑ってしまったほどです。当時オグリは、まさに人気の絶頂にいました。笑われるのを覚悟で正直に書くと、

「あの有名な馬に乗れるんだ」

という、ミーハー気分で騎乗を受けたようなものです。

いったいどんな走りをするんだろう？　調教の前の日は、興奮してなかなか寝つくことができませんでした。

すでにＧＩホースとして力も名前もファンの方に認められた段階での乗り替わりです

から、世間の注目度もこれ以上ない状態。調教のときから、あれだけ大勢の報道陣の方に囲まれたのは、後にも先にもこの時だけでした。

あまりの嬉しさに、ジーンズに数本くっついていたオグリの毛を、大切に家に持ち帰ったのをいまでも覚えています。

オグリはレースでも大楽勝でした。しかもレコード勝ちで、この記録はいまだに破られてはいません。今年の安田記念は、この時ほど楽な競馬はできないでしょうが、それでも、もしかすると……という期待感はあるレースになりそうです。


パートナーは〝やんちゃ娘〟のシーキングザパールです。1番人気に推されたGⅠ高松宮記念は、降り続く雨で悪化した馬場に切れ味を殺されたのか、直線で伸び切れずに4着。道中は何の不利もなかったし、展開もスムーズだっただけに、少し残念な結果でした。

そもそも、前々走のシルクロードSがあまりにパーフェクト過ぎました。レース後、次はこんなに楽には行かない、とわざわざ気持ちを引き締めたのに、図らずも嫌な予感は的中してしまいました。

ただし、昨年秋に手術したエントラップメントというノドの奇病の後遺症が、まったく心配ないとわかったのは収穫です。今度こそ、自信を持ってレースに臨めます。

敵は京王杯ＳＣをレコードで勝ったタイキシャトル。高松宮記念への出走を取りやめてくれた時は、正直、ホッとしましたが、どこかで雌雄を決する時が来るだろうなと思っていましたから、いまは逆に、ついに、この時が来たか！　という心境です。

タイキシャトルの強さについては、今さら僕が語るべきことは何もありません。'97年夏以降負け知らず、すでにマイルＣＳとスプリンターズＳという、二つのＧＩを獲得している現役最強短距離馬です。ちょっとやそっとじゃ、負かすことはできません。

それでも、競馬は何が起こるかわからない。３冠馬ナリタブライアン級の馬ならともかく、まだまだ勝つチャンスはある、と僕は見ています。

競馬には、レースによってさまざまなパターンがあります。なかでも、
「この馬さえ負かせば、自然と勝ちが見えてくる」
というのは、僕としては、割と好きなパターンです。その馬をぴったりとマークしたり、その逆に正反対の競馬をしたり……と、作戦を自分で工夫する余地が大きく、騎手の腕の見せどころでもあるからです。

細かいことは、枠順、当日の馬場状態、レース展開を考え合わせなければなりませんが、東京競馬場の１マイル戦は、「まぎれ」の少ない、馬の実力がハッキリと出るレー

スです。前走が距離１２００ｍのレースでしたから、距離延長に馬がとまどい、掛からないように気をつけて、直線、皆さんがアッと驚くようなシーンをぜひ、作り出したいと思っています。

タイキシャトルの強さは十二分に承知していますが、シーキングザパールも昨年のＮＨＫマイルカップ馬。格でも力でも、まったく引けは取りません。シーキングは、今年一緒に海外遠征するという夢を託した馬でもあります。当日は、海外への夢を懸けて、真っ向から勝負します。

1998年6月14日　東京

第48回安田記念（GⅠ）

シーキングザパール

10着（4番人気）

1　タイキシャトル

2　オリエンタルエクスプレス

3　ヒロデクロス

枠連	1－6	750円
馬連	2－11	1860円

スペシャルウィークと凱旋門賞に行きたい

自分自身の反応に、僕は驚きました。

「勝ってもガッツポーズはやめよう。あくまでもクールに、クールに！」と、思っていたのですが、ゴールした瞬間、そんな気持ちはどこかにフッ飛んでいました。

内から沸き上がってくる喜びに体が反応。一度、二度、三度……17万人のファンのユタカ・コールに応えるように、自分でも思ってみなかったガッツポーズを何度も繰り返していました。

初めて挑戦した'88年のコスモアンバー（16番人気の16着）から数えて10回目。スペシャルウィークによって、ついに夢のダービーを制することができました。

デビュー当時からいい馬に乗せていただき、春の天皇賞、桜花賞はともに四度も勝っているのに、なぜかダービーだけは勝てない。僕自身の中でも、

「なんでやろう？」

と焦る気持ちと、

「あの名手、河内（洋）さんでもまだ勝っていないのに、僕が勝てるわけがない」

と自分を慰める気持ちが、ずっと胸の中で交錯し続けていました。

それに加えて、

「このまま武豊はダービーを勝てないんじゃないか？」

という無責任な声が囁かれているのも知っていました。

「何で自分だけ、そんなことを言われなきゃいけないんだろう？」

何度も悔しい思いをしました。

しかし、今年ほど「運」と「巡り合わせ」というものを実感したことはありませんでした。

たとえば、祐一（福永騎手）が乗る、ダービーで2番人気だったキングヘイロー。'97年秋、新馬戦での騎乗を頼まれていたのですが、僕は東京競馬場で古馬のレースに騎乗しなければならなかった。それで、たまたま僕の代わりに祐一が騎乗しましたが、もし、その新馬戦で負けていたら、次はまた僕が乗ることになっていたのです。

競馬に「たら」「れば」はありませんが、もしかしたら僕は弥生賞ぐらいでスペシャルウィークとキングヘイローのどちらかを選ばなくてはならないことになり、スペシャルウィークでなく、キングヘイローを選んでいたかもしれない。そして祐一がスペシャルウィークに乗っていた可能性もなくはないのです。

そういう意味でも、やっぱりダービーを勝つというのは、特別なんです。

スペシャルウィークとの出会いは、いま考えれば運命的なものでした。

「ダービーを勝つ馬というのは、きっとこんな馬なんじゃないだろうか……」

’97年11月、初めてスペシャルウィークに跨《またが》ったとき、とっさにそう感じたのです。運命というものをあまり信じない僕が感じた不思議な感覚。言葉で説明するのはとても難しいのですが、この時はっきりと、今年のクラシックを意識したといえば、少しはわかってもらえるでしょうか。

ダービー直前、新聞では3強対決で盛り上がっていましたが、僕自身、ダービーを勝つのはスペシャルウィークだと、信じて疑いませんでした。セイウンスカイも、キングヘイローも強い馬には違いありませんが、力さえ出し切れば負けるはずがない。それよりも気になっていたのは当日の天気です。できるならば良馬場で、スペシャルウィークの全能力を引き出して戦いたいと思っていましたから、1週間も前から、東京の天気が気になって気になって、仕方ありませんでした。

ダービー当日の朝も、目が覚めるとすぐに窓を開け、天気を確認しました。そのときは曇り空で、「降らないでくれよ」と祈るような心境でした。幸いやや重ながら良い馬場でレースをすることができ、本当によかったと思います。

スペシャルウィークは、まさに究極の仕上げでした。皐月賞ではダービーを見据えていたこともあり、ギリギリの仕上げとまではいきませんでしたが、この日のスペシャルウィークは馬体だけでなく、気合も充分すぎるほど乗っていました。まさに、いままで最高のデキ。

レースは、気合充分で先にゲートに入ったのが災いしたのか、スタートでちょっと出遅れ。ただ内の4頭がすべて前に行ってくれたので、慌てることなく中団につけ、3コーナー附近で外へ。直線入口で、ポッカリと開いたスペースに飛び込むと、後はもうケタ違いの脚で後続を突き放してくれました。

僕自身、これまで何度も苦い経験を味わってきましたから、そろそろ、僕が勝ってもいいんじゃないかなという気持ちはありましたが、それでもいざ、ダービージョッキーになった瞬間というのは、とても口では言い表せない感動です。その夜は、本当にもうベロベロになるまで酔いました。次の日起きるのがちょっとつらかったですね。

ただ、喜びに自分で水を差すようですが、ここで再び、皐月賞のことに触れさせてください。皐月賞でスペシャルウィークは、やはり大本命に推されながら、勝ったセイウンスカイから1馬身半後れの3着に終わりました。

正直に言うと、18番枠が決定した時点で、ある程度、この展開は読めていたことです。それでもスペシャルウィークなら勝てる！　と思っていた僕にとって、この結果は納得いかないものでした。

「敗因は馬場です」

愚痴のように聞こえるかもしれませんが、レース後に出したコメントが、あのレースのすべてです。結果論ではなく、ダービーで、あれだけ圧倒的に強い競馬をしたスペシャルウィークですら、皐月賞では無残な結果に終わったという事実をもう一度考え直してほしい。

難しいことを言うつもりはありません。仮柵を外す時期をずらすだけで、内、外の不公平は解消されるのです。僕一人が騒いでもどうしようもないことなのかもしれませんが、このままでは皐月賞とダービーがまったく違う種類のレースになってしまう。ダービーを勝った今だからこそ、もう一度声を大にしてこのことを叫びたいですね。僕はダービーを勝つことによって、スペシャルウィークの皐月賞は、決して力負けでなかったことを証明できたと思います。

スペシャルウィークは、本当に強い馬です。「次元が違う」と言ってもいい。この後は、まず菊花賞を目指すことになりますが、僕は、この馬といつか凱旋門賞に行きたい。フランスのロンシャン競馬場で行われる凱旋門賞は、世界最高の格式を誇るＧＩです。日本馬は過去3度凱旋門賞に挑戦しましたが、’69年のスピードシンボリの10着が最高で、そのたびに外国馬の厚い壁に跳ね返されてきました。

僕も、’94年に外国産馬ホワイトマズルで参戦しましたが、そのときは6着に終わっています。

もちろん、遠征はオーナーや調教師の先生方が決めることですから、これは、あくまで僕の願望です。

白井寿昭先生（調教師）をはじめとするスタッフの方々は、ダンスパートナーでフランスへ遠征したときと同じ人たちです。不安はありません。僕は日本で1番強い馬で、海外挑戦したい。2番や3番の馬ではなく、「最強」の馬で。

競馬の祭典ダービーは終わりました。2日後の火曜日には、いつものように調教が始まり、6月13日からは、来年のダービーを目指す新馬戦がスタートしました。

少しゆっくりしたいという気持ちがないわけではありませんが、一度勝ったら、二度、三度……と、勝ちたくなるのがダービー。13日には、僕も新たなるパートナーを求めて、函館の新馬戦に騎乗。21日は、昨年度の年度代表馬であるエアグルーヴで鳴尾記念に出走します。

幸いエアグルーヴも順調なようですし、宝塚記念を意識したレースで、さらに重賞の勝ち星を伸ばしたいと思います。

最後になりましたが、スペシャルウィークを応援してくれたすべてのファンの方に、この場を借りてお礼を言いたいと思います。

本当にありがとうございました。

1998年6月21日　阪神

第51回鳴尾記念（4歳オープン）

エアグルーヴ

2着（1番人気）

1　サンサイズフラッグ
2　エアグルーヴ
3　アヌスミラビリス

枠連　6－7　1100円
馬連　9－12　1080円

アグネスディクター　新人は聞いて！

4月12日の桜花賞から始まった春のＧＩシリーズも、いよいよ来週の宝塚記念を残すのみとなりました。

6月21日に行われた鳴尾記念（ＧII）では、エアグルーヴが無念の結果に終わりました。少しぐらいの馬場悪化は、彼女は問題にしないのですが、さすがに泥沼のような不良馬場ではムリがあったようです。敗因が分かっているとはいえ、エアグルーヴで負けたのは、ショックが大きいですね。

しかし'98年は、ファレノプシスで桜花賞、スペシャルウィークで、小さい頃からの夢だったダービーを取ることができ、トータルでは充実した前半戦だったような気がします。

その後、ＧＩはしばらくお休みとなり、舞台は地方の風物詩がたっぷりと味わえる夏競馬へと移ります。

僕もそうでしたが、今年、ＪＲＡの競馬学校を卒業した1年生たちは、この時期になると、ガチガチの緊張がフッと解け、リラックスして騎乗できるようになるのではないでしょうか。

少し脱線して、僕のデビューの頃（'87年3月）の話をさせていただこうと思います。おカネはない、先輩からの愛のムチはキツイ、思う存分に馬を走らせられない……汗と涙の思い出が、いっぱい詰ったＪＲＡ競馬学校を卒業した僕が所属したのは、関西の武田作十郎先生（元調教師）の厩舎です。

オヤジ（武邦彦・現調教師）が現役時代、先生のところにお世話になっていた関係から、卒業前にはすでに決定していました。

昔の武田先生を知っている方は、

「あの人ほど、怖い人はいないでぇ」

と、おっしゃいますが、子供の頃からかわいがってもらっていた僕には、いいオジイちゃん。ミスをした騎手の人をムチを持って追いかけた……という武勇伝も、にわかには信じられませんでした。

この武田先生のもとでの朝一番の仕事は、ワイン好きの先生のために、ワインのコルクを抜くこと。調教を終えた先生が、美味そうにワインを飲んでいる姿は、いまでもハツキリと覚えていますね。

最近は厩舎に弟子入りという感覚が薄くなってきていますが、ほんの少しでもそういったニオイを嗅ぐことができたのは、僕にとっては幸せなことだったと思っています。

先生との思い出は、それこそ山のようにありますが、一番思い出深いのは、一度だけ、怒られた時のことです。

あれはデビューして1ヵ月ぐらいのときでした。その日僕は、デビュー戦で騎乗したアグネスディクターで、阪神競馬場で行われた１８００ｍのダートレースに臨みました。しかし僕は、ポンとスタートでハナを切ると、もう一頭の逃げ馬とムキになってビュン、ビュン競り合ってしまったのです。当然、レースの途中でアグネスディクターはバテバテ。まったく競馬になりませんでした。

僕のデビュー戦となった3月1日の新馬戦には、その前の週に使えたはずの馬を、わざわざ僕のために1週待ってくれたり、いろんな調教師の先生に、

「ユタカを頼みます」

と、頭を下げて回ってくれた先生が、僕の目をジッと睨みつけて一言。

「ユタカ、お前、そんな乗り方をしていると、誰も乗せてくれなくなるぞ」

あの時は、背中に冷たい汗がスーッと流れましたね。

「いいか、ユタカ。騎手は商売人なんだ。お客さんは調教師や馬主さん。そのお客さんを大事にしろ。ただ馬乗りが上手でもダメだぞ」

それが先生の口癖でした。大きなレースに勝った時には、いつもこの先生の言葉を思い出し、ともすれば舞い上がりそうになる自分を引き締めるようにしています。

勝ってもおごり高ぶらず、周囲の方々への感謝の気持ちを忘れてはいけない。この気持ちだけは、いつの日か、騎手を辞めたあとでも持ち続けていたいと思っています。

新人の騎手といえども、いまは立派なライバル。先輩面して、あれこれとうるさくいうつもりはありません。

ただ、もしこの原稿を読むようなことがあったら、僕が武田先生に教えていただいたこの言葉だけは、ぜひ覚えていてほしいなと思います。

エアグルーヴ　期待に応えたい！

いよいよ春競馬のラストを飾るグランプリ、宝塚記念です。

ＪＲＡから発表された登録馬は、エアグルーヴ、メジロブライト、シルクジャスティス、メジロドーベル、サイレンススズカなど18頭。

僕が騎乗予定のエアグルーヴは、ファン投票第1位となりました。一票を投じていただいたファンの皆様には、この場をお借りしてお礼を述べさせていただきます。本当にありがとうございました。

エアグルーヴは前走の鳴尾記念に敗れ、宝塚記念の1週前追い切りも、僕が乗ってみて歩様がちょっと気にかかったため、一時中止となりました。ファンの方々にはご心配をかけています。ただ、これは単なる筋肉痛が原因のようです。原稿を書いている時点では、2日遅れで追い切りを行う予定で、状態としては問題ありません。

この宝塚記念は、デビュー3年目の’89年にイナリワン、’93年にメジロマックイーン、そして’97年はマーベラスサンデーをパートナーに、過去3度制しているレースです。

それぞれに思い出深いものがありますが、中でも強烈な印象として残っているのが、勝てば重賞99勝目として迎えた'97年のレースです。

長い騎手生活の中で、これまでに何度か、

「このレースだけは負けられない。どんなことがあっても勝たなくちゃいけない！」

という思いで臨んだレースがありますが、昨年の宝塚記念もそのひとつでした。

前走・春の天皇賞では、田原成貴騎手（現調教師）騎乗のマヤノトップガン、横山典弘騎手騎乗のサクラローレルがいて、3強対決として話題になりました。マーベラスサンデーは生涯最高の出来で天皇賞に出走したのですが、結果は勝ったマヤノトップガンから0・3秒差の3着。レース後、田原さんが、

「このレースだけは、絶対に勝ちたかった」

と、いっていましたが、その思いは僕も同じでした。なんとしてもマーベラスサンデーにGIの勲章を取らせてあげたかった……。僕自身、ひそかに自信を持っていただけに、ただ悔しさばかりが残りました。

もともとマーベラスサンデーという馬は、4歳時に新馬、特別を2連勝し、僕がこの馬でクラシックを！　とまで入れ込んだ逸材でした。しかし、骨折によって、4歳の1

年間をほぼ棒に振ってしまいます。5歳になってからようやく復活し、重賞を4連勝することでやっと注目を浴びるようになった、まさに遅咲きの大輪でした。

　ところが、やっと巡ってきた6歳春の天皇賞を逃し、後はこの宝塚記念にすべてを賭けることになりました。

　マヤノトップガンとサクラローレルが、故障で不在となった春のグランプリは、当然のように1番人気に。しかし、体調が天皇賞時に比べると万全とはいえません。不安と「負けられない」という気持ちが交錯するなか、レースはスタートしました。僕が取った作戦は、先頭に立つタイミングをギリギリまで遅らせること。

「焦るなよ、マーベラス。まだだ、まだいくな……」

　早めに先頭に立ったために差し返された天皇賞の二の舞だけはしない。手綱を絞り、僕は必死になってマーベラスサンデーに語りかけました。

　直線での叩き合い、馬場のいい内側を通ってスパートすると、最後はバブルガムフェローをクビ差抑えて、とうとう悲願のＧＩ戴冠を達成！　涙を流さんばかりに喜んでくれた関係者の方たちの顔を見て、本当に肩の荷が下りる思いでした。

　レース前は、もう一度、マヤノトップガン、サクラローレルが出走するレースで雌雄を決したかったという思いもあったのですが、そんな気持ちはどこかへフッ飛びましたね。

'98年も、宝塚記念はファン投票1位の馬に騎乗することになります。その栄誉にかけ、ぜひ期待に応えたいと思っています。

1998年7月12日　阪神
第39回宝塚記念（GⅠ）
エアグルーヴ
3着（3番人気）

1　サイレンススズカ
2　ステイゴールド
3　エアグルーヴ

枠連　4－8　880円
馬連　4－13　4590円

シーキングザパール　フランス遠征決定！

北九州記念は、僕にとって思い出に残るレースのひとつです。

’97年、ダンディコマンドを駆ってこのレースに挑戦した僕は、コースレコードで記念すべき重賞１００勝を達成することができました。

そのため’98年も、ぜひ小倉での北九州記念に行きたかったのですが、残念なことに小倉競馬場は改装工事中。このレースは阪神競馬場で行われる予定です。いまのところ騎乗馬も決定していませんし、もしかすると、ジョッキールームで観戦……ということになるかもしれません。

この時期になると、

「暑いのだけはイヤだ」

と、騎手の中には１レースが終わるごとにフーフーいっている人もいますが、僕は逆に夏大好き人間。うっとうしい梅雨が明け、カラッと暑い日が訪れると、がぜんやる気がでてきます。

特別な暑さ対策というのはしていないのですが、夏バテの経験は一度もありません。

「まったく、お前がうらやましいよ」

先輩の言葉を聞くたびに、こんな丈夫な体質に生んでくれた親に感謝せずにはいられませんね。

今年はそんな小倉の暑さが味わえないかと思うと、少し残念です。しかし、代わりといってはなんですが、今年もフランス遠征が決定しました。今年、僕をフランスに連れていってくれるのは、昨年のＮＨＫマイルＣを勝った〝やんちゃ娘〟シーキングザパール（5歳）です。

「ずっと日本で騎乗していれば年間２００勝も夢じゃないのに、なぜ、毎年海外に行くのか？」

マスコミの方にこんな質問を受けたことがありますが、僕にとって海外は、新しい刺激を求める場。もっと日本の騎手を知ってもらいたいという思いもありますし、日本の馬で海外の重賞を勝ちたいという夢もあります。

「お前は、世界中どこにでもいるな」

いつだったか、ランフランコ・デットーリ騎手（名馬ラムタラにも騎乗した世界的名騎手）にいわれたことがありますが、アメリカ、イギリス、フランス、香港、ドバイ……そこでレースがあり、乗る馬がいるかぎり、僕はどこへでも出かけていきたい。そして、世界で通用する騎手になりたいと思っています。

いまでも忘れることができないのは、'91年にエルセニョールに騎乗して、日本人の騎手として初めてアメリカのGⅢ、セネカ・ハンデを勝ったレースと、'94年、スキーパラダイスをパートナーに、フランスのムーラン・ド・ロンシャン賞を制覇したレースです。

特に、セネカ・ハンデは僕がまだ22歳の時。日本では前年の暮れに、オグリキャップで有馬記念を勝たせてもらうなど、騎手として、それなりに名前を知られるようになっていましたが、海外では、得体の知れない日本人騎手。ただの小僧でしかなかったのですから、アメリカ人たちはア然としていました。

僕自身は、子供のころから憧れていたアメリカの競馬場で、しかも重賞を勝ったのですから、結構、興奮していたのですが、

「誰だ、あのジョッキーは？」

「ユタカ・タキ？　そんなやつがいたのか」

こんな調子で、名前もまともに呼んでもらえない。でも逆に、それが快挙を象徴して

いるようで、嬉しくなりました。

まずは、８月９日に、ドーヴィル競馬場で行われるＧＩモーリス・ド・ギース賞（芝１３００ｍ）に挑戦。そこでの結果次第では、タイキシャトルも出走予定の芝１６００ｍのＧＩムーラン・ド・ロンシャン賞（９月６日）に向かう予定です。

日本で競馬をしている時は、ことさら自分は日本人なんだということを意識したりはしません。ですが、海外に出るとやっぱり、日の丸を背負って戦っているような気分になります。

惜しくもＷ杯のグループリーグを突破できなかったサッカー日本代表の分まで……といったらおおげさですが、悔いを残さないよう、海外でのレースを楽しんできたいですね。

ダンスインザダーク　待望の産駒誕生！

先日、僕のもとに嬉しいニュースが届きました。あのダンスインザダークの初年度産駒たちが、牧場で１００頭以上も産声を上げているというのです。

種付けの時点から、受胎率がいいとは聞いていましたが、子供たちはサンデーサイレンス産駒特有の気難しさも出していないといいます。僕としても期待は高まるばかりです。

ダンスインザダークは、みなさんも御存知の通り、’96年のダービーで1番人気に支持された馬です。本番では、ゴール直前、フサイチコンコルドの強襲に遭い、2着に敗れてしまいましたが……。

僕自身、ダービーで1番人気に支持される馬に騎乗したことは、このダンスインザダークと、スペシャルウィークの2頭しかありません。ただダンスの時は、残念ながら体調が百パーセントとはいえず、もてる力をすべて出し切ることはできずに負けてしまい、今でも心に引っかかっている部分があります。

以前にも、誌面で書いたことがありましたが、僕はサンデーサイレンス産駒が大好きです。

近年、僕の騎乗した有力馬を挙げると、ダンスインザダークを始め、マーベラスサンデー、ダンスパートナー、サイレンススズカ、スペシャルウィークなど、サンデーサイレンス産駒が大半を占めている状態です。

なかでも、ダンスインザダークに対する思い入れはひときわ強く、新馬戦から引退レースとなってしまった菊花賞まで、一度として他のジョッキーに手綱を預けたことはありません。

ダンスインザダークとの出会いは、'95年の夏。社台ファームの吉田照哉氏を訪ねた時に始まりました。

「ダンスパートナーの下（弟）で、関西の大将格になるくらい凄いヤツがいるけど、乗ってみる？」

吉田さんのこの一言がすべてのスタート。ダンスパートナーといえば、この年、僕がオークスで騎乗して優勝。さらに、フランス遠征も決定しており（結果はノネット賞GⅢ：3番人気2着／ヴェルメイユ賞GⅠ：1番人気6着）、

「ダンス（パートナー）の弟だったら、ぜひとも乗ってみたい」

と思っていたのです。

実際に乗った感想も、

「ええ馬やなぁ。これは絶対に走るぞ！」

と、思わずつぶやくほど衝撃的なものでした。とても3歳馬とは思えない、落ち着いた雰囲気があり、背中が柔らかく乗り心地はバツグンで、脚もとから伝わる底知れぬパワーを感じさせられました。


今思えば、この時すでに、ダービーを意識させられていたのだと思います。ほとんど一目惚れ状態に陥った僕は、吉田さんから所属厩舎をうかがい、翌日には、橋口調教師に頼み込んで、新馬戦騎乗の確約をいただいたのを覚えています。

このようないきさつがありましたから、ダービーでの敗戦には、いつも以上に責任を感じ、胸にズシーンとくるものがありました。そのため秋に京都新聞杯で復活を果たし、クラシック最終戦の菊花賞を上がり3ハロン（６００ｍ）を33・８秒の脚で制した時には、体の芯から震えるような喜びが沸き上がり、いつになく興奮してしまいました。

しかし、喜びもつかの間、ダンスインザダークは、菊花賞後に屈腱炎を発症し、引退を余儀なくされてしまいました。念願のクラシック制覇を果たし、〝これから〟という矢先のアクシデントでしたから、ダービーの時と同じくらい……いや、それ以上のショックを受けました。

競馬の世界でタラレバは御法度といわれますが、もしダンスが元気だったら……。歴史的名馬に成長していた可能性は大きかったと思います。

ダンスの引退後、僕はずっと、いつかダンスの子供に乗ることを夢見てきました。元気な子供たちが次々と生まれているという報せは、夢がいよいよ実現に近づいていることを告げています。

あと3年……東京競馬場のターフを、２４００ｍの大舞台を、このダンスの子供と共に先頭で駆け抜けることを、今から楽しみにしています。

シーキングザパール　仏ＧＩ制覇なるか

8月3日、僕はフランス遠征へと飛び立ちます。

僕のパートナー、シーキングザパール（5歳）は、調整のためひとまずイギリスへ入りました。7月28日にはニューマーケット（ロンドン北東約１００kmにあり、競馬場、調教施設、種馬場などが集合する世界最大の「競馬の町」）で軽い調整を行い、すごく順調だと知らせをいただいていますから、いまから胸がワクワクします。

シーキングザパールが出走する8月9日のモーリス・ド・ギース賞は、フランスのドーヴィル競馬場で行われる芝１３００ｍのＧＩレースです。

森（秀行）先生からの連絡では、いまのところ26頭が登録されているということです。その中には、'98年、日本の皐月賞に該当するフランス２０００ギニーを勝ったヴィクトリーノート、'97年のモーリス・ド・ギース賞を制し、2年連続優勝を狙うフランスのトップスプリンター、オキュパンディストら、イギリス、フランスのＧＩ馬5頭の名前もあります。まさに相手にとって不足なし。

シーキングザパールなら、ヨーロッパの深い芝にもうまく順応できそうですし、後はレース当日、雨が降らないことを祈るばかりです（シーキングザパールは重馬場が苦手なんです）。

僕はこれまでにも、海外の重賞レースを日本の馬で挑戦してきましたので、外国馬と日本馬の実力差が確実に縮まっていることは肌で感じています。

その代表ともいえるのが、’95年の夏に4歳でフランスに遠征したダンスパートナーでした。彼女の父は、いわずと知れた世界的名馬サンデーサイレンス。さらに、母の父もニジンスキー（’70年代英国を代表する名馬）ということで、血統的には世界中どこの競馬場で出走しても、見劣ることはありませんでした。

実際、競走成績も遠征前にオークスを制しており、日本の4歳牝馬の中では、名実ともにNo.1。レース内容も後方11番手から、直線一気の追い込みで、2着に0・3秒差つけての快勝でしたから、これならフランスに行っても勝負になると思っていました。

注目の遠征緒戦は、8月27日に行われた4歳牝馬限定のノネット賞（GⅢ）。レースは4頭立てと、少々寂しい出走頭数でしたが、実力馬マティアラなどがエントリーしており、メンバー的にはレベルの高い一戦となりました。ダンスの人気は4頭立ての3番人気。ダンスの力を知る僕としては、この評価にはちょっと納得のいかないところもありましたが、人気はあくまでも人気。フランスの人たちには、レースでその実力を見せつけてやればよいと思っていました。

好スタートをきったダンスは、道中2〜3番手の位置から競馬をすすめ、直線に入っても抜群の手ごたえ。

「よしっ、勝てるぞ！」

僕は、懸命にダンスの手綱をしごき、ゴールを目指しました。結局、マティアラとの一騎打ちはハナ差及ばず、2着に惜敗してしまいましたが、日本競馬のレベルの向上をフランス国民に向けて証明できたと思っています。

ダンスはこの後、9月10日に行われたヴェルメイユ賞（ＧＩ）にも出走して、なんと10頭立ての1番人気。前走のレース内容と血統が注目されての人気でしたが、日本の馬が海外のＧＩで1番人気に支持され、しかもその馬に騎乗できたことは僕の誇りであり、自信にもなりました。

結果はというと……雨による急激な馬場の悪化で、残念ながら6着に敗退してしまいました。しかし、着差だけ見れば、わずか2馬身差。長時間の輸送や馬場の悪化など、さまざまな不利を乗り越えての結果ですから、日本馬による海外ＧＩ制覇も決して夢の話ではないと、その時以来、僕は思っています。

今回騎乗するシーキングザパールも、マイル路線では日本屈指の実力馬です。次走のムーラン・ド・ロンシャン賞には、宿敵タイキシャトル（5歳）の出走も決定していますから、フランスでの一騎打ち！が実現するかもしれませんね。

1998年8月9日　フランス・ドーヴィル

モーリス・ド・ギース賞（GⅠ）

シーキングザパール　1着

1　シーキングザパール
2　ジムアンドトニック
3　マッチー

スーパークリーク　夏を越して最強に

フランスに出かける前の週の土曜日（8月1日）、函館に参戦した僕は、9レースに騎乗して、6勝2着1回という、非常に満足のいく結果を残すことができました。

これは、ＪＲＡの一日最多勝利タイ記録で、僕自身、通算4回目の一日6勝となります。

7月25日にはＪＲＡの年間１００勝到達最速記録を達成することができましたし、函館参戦の3日間では、合計12勝の固め打ちも記録！　関係者の皆さん、本当に良い馬を揃えてくださいまして、心から感謝しております。

ところで僕は、このように勝鞍が飛躍的に伸びる年には、名馬と呼ばれる馬と出会っているように思います。

最近では、スペシャルウィーク。そして、古くはスーパークリークとの出会いです。

デビュー2年目で１００勝を超す勝鞍を挙げた’88年……。もしかすると、スーパークリークとの出会いがなかったら、いまの僕はなかったかもしれない。スーパークリークは、僕にそこまで思わせるような強烈な馬でした。

　僕が初めてスーパークリークに騎乗したのは、'88年の春のこと。3月19日に行われたオープン特別、すみれ賞の時です。

「ちょっと脚元を痛がっているようだから、様子を見ながら走ってほしい」

　パドックで伊藤修司先生にこういわれた時は、正直なところ、

「なんで、そんな脚元の弱い馬を走らせるんだろう？」

　と、疑問に思ったものです。

　ただ、この時、僕はデビュー2年目の〝アンチャン〟（新人騎手）。心の中に浮かんだ疑問は疑問として、とりあえず、大事に、大事に乗ることだけを心がけていました。

　ところが、です。最後の直線を向いて、軽く仕掛けると、スーパークリークは驚くような鋭い反応を見せました。仕掛けた瞬間、いきなりトップスピードに加速したかと思うと、もう、アッという間に他馬をゴボウ抜きにしてしまったのです。

「えっ、ウソやろう？　なんなんや、この馬は⁉」

　あんな感じは初めて。ムチを入れた瞬間、全身にザッと鳥肌が立つくらいの衝撃でした。僕に初めてクラシックを意識させてくれた馬、それが、スーパークリークだったの

です。

しかし、残念ながら、この後、スーパークリークは調教中に骨折してしまい、春のクラシックを断念。最後の1冠、菊花賞を目指して、暑い夏を過ごすことになりました。

「いまごろ、クリークはどうしてるんだろう？」

こうして思い返してみると、夏の間中、僕はずっとクリークのことを気にしていたような気がします。

4歳馬にとって、夏は人間でいえば高校生ぐらいにあたる成長期です。この夏をいかに過ごすかは、その後のレース生活における大きなポイントになります。

「この馬なら！」

と、思った馬が、ひと夏を過ごしてまったく走らなくなったり、その逆もあったり。’90年のメジロマックイーンなどは、夏以降に急成長した例です。クリークの場合は、予想通り、いっそう力強くなって帰ってきてくれました。

残る問題は、菊花賞への出走権だけです。デビューが遅く、故障していたクリークは、秋になっても肝心の菊花賞への出走権がありませんでした。

「(出走できて)何もなければ勝てる。ウチの馬に乗りなさい」

伊藤先生の言葉を俟《ま》つまでもなく僕は決めていました。この年の菊花賞には、すでに

出走権を獲得し、僕さえその気になれば騎乗できる馬もいたのですが、

「菊花賞ではクリーク以外の馬に乗る気はありません！」

と宣言するほど、クリークに惚れ込んでいたのです。

幸運にも、クリークは抽選の末、ギリギリで菊花賞に出走できることになりました。
結果は、皆さん御存知のように、2着ガクエンツービートを5馬身突き放しての完勝。
勝利騎手インタビューで、

「出走できたことが最大の勝因です」

と、答えながら、ものすごく誇らしい気持ちになったことを、いまでも覚えています。

次はスペシャルウィークで凱旋門賞だ

とうとうやり遂げました。8月9日、日本調教馬で初めて、海外のＧＩ、それも本場フランスのＧＩ「モーリス・ド・ギース賞」を制覇することができたのです。しかも、１３００ｍの直線レースを1分14秒7というレコードタイムでの勝利。シーキングザパール（牝5歳）は、フランスでのＧＩという最高の舞台で、天才スプリンターとしての素質を見事に発揮し、日本馬史上初の偉業を成し遂げてくれたのです。日本の競馬が世界に認められた瞬間……最高の気分です。

歴史的一戦が行われたドーヴィルは、フランス北西部に位置する海沿いのリゾート地。映画「男と女」の舞台にもなった世界有数の避暑地で、夏には、パリの社交界の人々がドーヴィルに集い、競馬もこの人たちのためのイベントとして始まったといわれるほど、競馬の盛んな地でもあります。

ドーヴィル競馬場の歴史も古く、１８６４年にナポレオン三世によって造られたもので、格式も高い。日本を発つ前から、

「シーキングザパールで勝てたら最高だろうなぁ」
と考えていたのですが、本当に夢のようです。

モーリス・ド・ギース賞では、高らかなファンファーレと共に、シーキングザパールは抜群のスタートを決めることができました。馬なりのまま先頭に立ち、フランスの強豪馬を引き連れる展開。実は、この時すでに、「僕が上手く乗って、彼女をリラックスさせて走らせることができれば、きっと好勝負になる。勝てるかもしれない」と思っていたのです。

もちろんレース前だって、「シーキングが普通に走って、持ち時計を出してくれれば勝負になる」とは思っていたのですが、ここは勝手の違うフランスの馬場。実際に馬場の感触を確かめるまでは、不安な部分があったのも事実です。一番の心配は、なんといってもドーヴィルの芝の状態でした。フランスの競馬場の多くは、ドーヴィル競馬場に限らず、馬場内の芝は馬の脚に絡みつくような長さが特徴です。そのため、フランスの競馬場で勝つには重厚なパワーが必要だといわれ、短い芝の上でスピードを主に競う日本馬にとっては、非常に不利といわれていました。

シーキングザパールの場合、道悪の安田記念で惨敗したように、典型的なスピードタイプ。ですから、〝もっさり〟とした力のいる馬場は、マイナス要素になるのではないか、と正直いえば僕も不安に思っていたんです。

しかし、実際馬場に入ってビックリ！　本来なら20cm以上はあるはずの芝が、例年より、かなり短く刈り取られていて、わずか12cmほどしかありませんでした。

「さすがは、森（秀行）先生（調教師）やなぁ」

世界の数あるＧＩの中から、このレース、この競馬場を選び出した森先生の慧眼《けいがん》に、あらためて驚かされました。

天気は良好。馬場も日本と大差はなし。そして、あの好スタートですから、いきなり勝利を意識しながらレースを進めることができたのです。途中、イギリス馬グラジアに並びかけられはしましたが、こちらは抜群の手応え。

「イケる！」——残り４００ｍをきった時点で、シーキングザパールの勝利を確信すると、あとはもう、ゴールするだけだと、必死でシーキングを追いました。

１着でゴール板を駆け抜けるまでの間、シーキングは完璧な走りで応えてくれたので、ハラハラすることは一度としてありませんでした。

僕自身は、残り１００ｍを過ぎたあたりで「勝てる」という興奮からすっかりテンションが上がってしまい、ゴールした後のことを考えてワクワクし始めてしまいました。

普段のレースだったら考えられないことです。

みなさんもご覧になったかと思いますが、モーリス・ド・ギース賞の翌日（8月10日）のスポーツ新聞に載ったあの写真の通りです。満面の笑みに、馬上からの超ド派手なガッツポーズ！

自分でいうのもなんですけど、「ほんまに、嬉しそうやなぁ」と思ってしまう写真でしたね。もっとも、あとで見ると、ちょっと自分らしくないかなとも思えるのですが、目を瞑ってレースを思い出すと、両手が自然と上がり、ついまたガッツポーズを……（笑）。

森先生、関係者の方々、そしてシーキングザパールを応援してくれたファンの方々、僕がいまこれほどの幸せに浸っていられるのも、みなさんの応援のおかげだと思っています。本当にありがとうございました。

僕はこれまでにも、海外のGIレースに日本の馬で2回挑戦したことがありました。1回目はスキーキャプテン（'95年、アメリカ・ケンタッキーダービー）です。この時は、何も見せ場を作れずに14着惨敗ですから、本当に悔しかった。

2回目のダンスパートナー（'95年、フランス・ヴェルメイユ賞）の時も、やっぱり悔しかったですね。こちらは1番人気に支持されて、6着に敗退。雨による馬場の悪化が敗因でしたが、着差はわずか。ダンスパートナーが前哨戦（フランスGⅢ・ノネット賞、2着）のしぶとさを発揮できれば、勝負になると考えていましたので、力を百パーセント発揮できない競馬には悔いが残りましたね。

思えば、過去に何度も日本最強といわれる名馬たちが挑戦し、惨敗、惨敗を繰り返してきた海外でのGⅠ挑戦。あの7冠馬、シンボリルドルフですら、その壁を越えることはできず（'86年、アメリカ・サンルイレイSで故障により6着）。最近ではサクラローレルが、前哨戦で敗れ（'97年、フランスGⅢ・フォア賞で8着）、GⅠ出走すらかないませんでした。度重なる敗戦から、輸送問題や海外経験を含め、現在の日本競馬界の体制では、時期尚早だという人も大勢いました。

しかし、僕個人の考えとしては、ダンスパートナーに騎乗して、フランスの強豪を相手にきわどい勝負ができたことで、日本で育った馬でも、実力はそんなに差はない、近い将来、きっと海外GⅠを勝てる日がくると信じていました。

そして今回、それを証明してくれた馬が、シーキングザパールなのです。

僕は、翌週（8月16日）のジャック・ル・マロワ賞（GⅠ／１６００ｍ・ドーヴィル競馬場）にも、フランス所属の4歳牝馬ミスバーバーで出走したのですが、残念ながら

4着に敗れ、2週連続のGI制覇はなりませんでした。

当然、優勝を狙っていただけに、レースに敗れたことは悔しかったのですが、優勝馬が岡部幸雄騎手騎乗のタイキシャトル（牡5歳・藤沢和雄厩舎）とわかった時には、日本の馬が2週続けてフランスのGIを勝てたことに、心から感動させられました。

この二つの勝利が、日本のホースマンたちに与えた影響は計り知れないものがあると思いますし、フランス国民のみならず、世界中に〝日本競馬の存在〟というものも、強烈にアピールできたのではないでしょうか。岡部騎手が、「2〜3年すればこんなに騒ぐことじゃなくなる」と話していましたが、これから先、日本の馬が海外でどんどん活躍できれば、最高ですね。

外国産の日本調教馬2頭が海外GIを制覇した現在《いま》、次の目標は、日本の牧場で生まれたサラブレッドで世界を制することです。僕がそのパートナーと考えるのは、ダービー制覇を共に成し遂げたスペシャルウィークで、世界最高峰のレース、凱旋門賞（GI・フランス・ロンシャン競馬場・'98年は10月4日に開催）に挑戦してみたい。念願のダービー制覇と海外GI制覇。それでも、'98年はまだ何かが起こりそうな予感がしています。

エアグルーヴ　秋に向け完全復活

フランスから帰国して、久しぶりに参戦した8月22、23日の中央競馬。札幌での競馬ということもあり、新鮮な気持ちで騎乗することができました。

今回、札幌に行った最大の理由は、札幌記念（GⅡ）2連覇がかかるエアグルーヴに騎乗するためです。最大目標である11月29日のジャパンカップ（'97年は2着）に向けて、有力各馬に先んじての始動となりました。

エアグルーヴは、宝塚記念（7月12日）で3着に敗れて以来、約1ヵ月ぶりの競馬でした。前回は体調が完璧とはいい切れず、3着というのは底力だけでつかんだ結果。大健闘ともいえたのですが、僕としては、それよりも前々走の鳴尾記念（6月21日）の敗戦が気にかかっていました。

「昨年に比べ、エアグルーヴの気力が薄れてしまったのでは……」

エアグルーヴも6歳。牝馬にとっては、もう「母親」となっていてもおかしくない年齢だけに、フランスでも気にかかっていたのです。

ところが……。パドックを周回するエアグルーヴの気配は、まさに最高！　返し馬で脚を馴らしていても、スタート直前の輪乗りをしていても、絶好調時と遜色ありません。

前2走の敗戦から、伊藤雄二調教師は札幌記念のために、一案を講じていました。気合乗りをよくさせるため、火曜日（8月18日）に函館から札幌へ移動させての追い切り。レース前日には、僕が直接乗って時計も出しました。

この間、厩舎のみなさんが本当に一丸となって世話をしてくださったのでしょう。その結果、完璧といってもいいほど、エアグルーヴの闘志は甦《よみがえ》っていたのです。

こうなると、あとは僕がどう乗るか、ということだけ。札幌記念のメンバー構成から考えても、昨年の年度代表馬の名誉にかけて、絶対に負けられない一戦となりました。

レースは、吉田豊騎手騎乗のサイレントハンターが他馬を大きく引き離して先行。前走の宝塚記念を思い出させる、ちょっぴり嫌な展開です。

エアグルーヴはまずまずのスタートから好位5番手をキープ。うまく流れに乗って、3コーナー過ぎから追い出しにかかりました。

4コーナーを回り、3番手まで押し上げた時、先頭とはまだ8馬身の差。

もし相手が、宝塚記念を制したサイレンススズカだったら、

「あっ!!」

と思うほどの差です。

しかし、今回は、明らかにエアグルーヴの脚色のほうが勝っていました。

満を持してＧＯサインを出すと、エアグルーヴは、鋭く反応。残り１００ｍで先頭のサイレントハンターに並ぶと、一瞬のうちに3馬身突き放してくれました。エアグルーヴにとっては2連覇、僕自身にとっては、札幌記念3連覇となります。

今回の勝利は、ダブルの収穫があったと思います。まず、エアグルーヴが復活し、衰えていないことを証明できたこと。そして、僕自身の騎乗技術に、以前より落ち着きが出た、と実感できたことです。

以前であれば、8馬身差というと多少焦りを感じていたかもしれません。しかし、今年はダービーと仏ＧＩ制覇という二つの夢を達成できたことで、心に余裕を持って、より冷静な騎乗ができるようになったと思います。

2日間にわたる札幌滞在で、重賞1勝を含む7勝の成績。今週末に控える、シーキングザパールのフランスＧＩ挑戦第2弾、ムーラン・ド・ロンシャン賞（１６００ｍ・9月6日）への弾みにできれば、と考えています。

このレースは、舞台をドーヴィルからロンシャンに移し、メンバーも仏ＧＩの１００ギニー馬ザライカをはじめ、前走とは比較にならない強敵が相手となります。コースも、距離こそ違え、凱旋門賞と同じスタミナも要求される難コース。

ですが、人馬とも百二十パーセントの力を出して、ＧＩコンビの名に恥じないレースをしたいと思います。

この夏二度目の海外遠征で、日本の競馬を再び世界にアピールしてくるつもりです。

1998年8月23日　札幌

第34回札幌記念（GII）

エアグルーヴ

1着（1番人気）

1　エアグルーヴ
2　サイレントハンター
3　アラバンサ

枠連　1－4　630円
馬連　1－4　630円

シーキングザパール　ドイツの勝利がはずみに!?

ドイツ・フランス遠征の報告をしたいと思います。8月28日にドイツのバーデンバーデン競馬場で行われた交流競走は、合計3鞍に騎乗して1勝。勝ち星を挙げた国としては、フランス、アメリカ、オーストラリアに続いて4ヵ国目となり、海外通算成績では、23勝目となりました。

交流競走が行われたバーデンバーデンは、ドイツ西南端の森林丘陵地帯に位置する、北シュヴァルツヴァルト（黒い森）の中心都市。ドイツ随一の保養地で、さまざまな観光施設を有する国際的な社交地として知られています。競馬場は、市街の北、新鮮な空気に満ちたイフェッツアイムという所にあり、いかにも外国の競馬場という雰囲気です。

ただ、建物の作りや環境はドーヴィル（フランス）にとても似ていて、なんだか初めてという感じがしません。そのため、先日のGI制覇（8月9日、モーリス・ド・ギース賞）を想い出させる、最高の雰囲気の中でレースをすることができました。

最初の騎乗は、第2レース（一般競走）のアルペラ。このレースは、一緒に遠征した岡部幸雄騎手と二人での出場となりましたが、岡部騎手が10着、僕は13着というお互い不本意な成績に終わってしまいました。

「こんな結果では、何をしにドイツまで来たのかわからない。次のレースは、ドイツの観客に『タケ』の名を強烈に印象づけるような騎乗をして、アッといわせてやる！」

　そうひそかに闘志を燃やして、第３レースのＪＲＡトロフィー競走（芝１８００ｍ）に臨みました。

　ドイツの競馬関係者の方にお聞きすると、パートナーのマングスタは、なかなかの実力馬とのこと。スタートを待つ間も実に堂々としていて、気合満点です。

　ただ、いつも乗り慣れている馬と違って細かいクセもわからないし、脚質など、どういったタイプの馬なのかも、詳しくはわからない。当然ですが、一緒に走る馬も初めて見る馬ばかりです。

　こういう場合はどうするのか？　海外遠征を始めた頃は、慌ててミスをすることもしばしばでした。ただ、最近は余裕が出てきたんでしょうね。

「スタートさえよければ、後は何とかなる」

　このレースも、とにかくスタートに全神経を集中させていました。

結果はバッグンのスタートから、好位をキープ。道中もバッチリと折り合いがつき、実にスムーズにレースを進めることができました。

勝負どころの4コーナーを回った時は最高の手応えで、最後は僕のステッキに鋭く反応。マングスタはシッカリとした脚どりで伸び、終わってみれば、3馬身半差の圧勝。勝ちタイムこそ、1分53秒57と平凡でしたが、自分としては満足のいく騎乗で、狙い通り、ドイツの人たちに日本ジョッキーのレベルをアピールできたと思います。

その翌日の29日は、再びフランスへ戻ってのレース参戦となりました。今回の遠征の最大の目標は、9月6日にロンシャン競馬場で行われるムーラン・ド・ロンシャン賞（芝１６００ｍ）。パートナーは、もはやすっかりおなじみのシーキングザパールです。

その前哨戦として、29日にドーヴィル競馬場で行われたカンセー賞（ＧⅢ／芝・直線１６００ｍ）にパーフェクトヴィンテージで出場したのですが、会心の騎乗でまたも優勝。前日のＪＲＡトロフィー競走に続き、連勝を飾ることができました。海外重賞としては、モーリス・ド・ギース賞に続いて4勝目となります。2日連続、しかも海外で連勝できたことは、本命のムーラン・ド・ロンシャン賞に向けて大きな弾みとなるはずですが……。

シーキングザパールは英国ニューマーケットの調教場で順調な仕上がりを見せている

ようです。

9月から、日本もいよいよ秋競馬のシーズン。ムーラン・ド・ロンシャン賞が、その〝開幕〟を飾る勝利となっていれば最高ですね。

1998年9月6日　フランス・ロンシャン

ムーラン・ド・ロンシャン賞（GⅠ）

シーキングザパール　5着

1　デザートプリンス
2　ゴールドアウェイ
3　セカンドエンパイヤ

スペシャルウィーク　大収穫の海外遠征の後は

シーキングザパールのフランスGI挑戦第2弾である、ムーラン・ド・ロンシャン賞が9月6日、パリ郊外のロンシャン競馬場で行われました。ロンシャン競馬場があるのは、パリの西、セーヌ川のほとりです。ブローニュの森の中にあるため、別名「ブローニュの森の競馬場」とも呼ばれている、とても景観の美しいコース。10月には世界最高峰のレース凱旋門賞が行われることでも知られており、競走馬にとっても、ジョッキーにとっても、憧れの的です。

僕は'94年に、この競馬場でスキーパラダイスとコンビを組んで、ムーラン・ド・ロンシャン賞を制覇したことがあります。スキーパラダイスは、もともとフランスの実力馬。ある程度他馬との実力差が分かっていたので、僕がうまく騎乗すれば優勝できると思っていました。

ところが、今回は日本調教馬での挑戦。前走フランスのＧＩ（8月9日・モーリス・ド・ギース賞）を制覇したとはいえ、シーキングにとって１６００ｍという距離は少し長めです。

しかも、天候の悪化で馬場は彼女が不得意なぬかるみの状態。そのうえ、出走メンバーは前走とまったく変わってしまいましたから、力関係の比較がほとんどできません。そのためレース前は、期待と不安が半々というのが正直な気持ちでした。

残念ながら、結果は危惧した通り。シーキングザパールは5着に敗れてしまいました。日本からはたくさんのファンの方々が応援に来てくださったのですが、期待に応えることはできませんでした。

しかし、です。確かに、結果としては、優勝したデザートプリンスから12馬身離されていますから、惨敗といわれても仕方ありません。ですが、僕個人としては、決して力負けとは思っていません。

敗因は、苦手な重馬場と展開のアヤに尽きます。オブライエン厩舎のメンパリが、同厩舎のセカンドエンパイヤ（3着）のためにペースメーカーとしてシーキングに終始競りかけ、こちらにとっては息がまったく入らない厳しいレースとなったのです。

結局、シーキングを潰しにきたメンパリは、勝ち馬から30馬身近くも離されて、最下位入線となりました。ところが、シーキングは、出走馬の中でもっとも苦しい競馬をしながら、メンパリより15馬身も先着。展開ひとつで勝ち馬との着差はかなり縮まったはずなのです。

今回の遠征で国際ＧＩ2連勝はなりませんでしたが、連覇すること以上に数多くの収穫があったと思います。

欧州の短距離戦線に日本馬が本格参戦できたことはもちろん、海外ＧＩを一つ勝てたことや、有効な輸送手段（イギリスで馬を環境に慣らした後、フランスへ輸送する）の発見、さらに外国馬に日本馬を警戒させ、マークさせたという実績など、数を挙げればキリがないほど。

シーキングザパールは、10日に帰国。ファンのみなさんに勇姿をお見せできるのは、マイルチャンピオンシップ（11月22日・京都競馬場）か、スプリンターズステークス（12月20日・中山競馬場）になりそうです。

少し先になってしまいますが、その時まで、海外ＧＩ覇者の名に恥じない最高の馬体と、ひとまわり成長したシーキングの走りに期待していてください。

最後に、秋競馬のスタートで、みなさんも気になっているはずのスペシャルウィークの近況を報告しましょう。

スペシャルウィークは、11月8日に行われる菊花賞を目標に、9月9日、早来のノーザンファームから栗東トレーニングセンターへ戻ってきました。すでに乗り込みも豊富で、再始動に向け、準備は着々と整いつつあります。前哨戦としては京都新聞杯（10月18日）か、京都大賞典（10月11日）を予定しています。

「また、一回り成長したみたいだね」

白井寿昭調教師の力強い言葉でもわかる通り、馬体も大幅に成長し、ダービーを圧勝したころより、いっそうパワーアップしているようです。2冠制覇に向けて視界は良好です。

ファレノプシス　夏を越して馬体成長

恒例となった夏の海外遠征も無事に終了し、9月12日からは秋競馬のスタートとして、阪神競馬場に参戦しています。

12日は、特別戦1勝（能勢特別／バイオレットパール）を含む2勝を挙げ、翌13日も計3勝。

残念ながら、重賞の朝日チャレンジカップ（GⅢ／ダンディコマンド7着）は距離のカベもあり、勝つことはできませんでしたが、成績としては土日で5勝。秋競馬のスタートとして、まずまずの結果を残せたと思います。

海外でのレースも魅力がありますが、スタンドから届くファンの方の熱い声援を聞いていると、日本に帰ってきたんだ、という感慨とともに、

「やっぱり、日本の競馬場はいいなぁ」

と、いつもホッとさせられます。

この時期、僕の大好きな海外遠征はしばらくお休みとなります。しかし、遠征好きの

僕としては、ジッとしていろといわれても、それはムリ。そこで、海外に代わって登場するのが、地方競馬です。

今回も、「地方競馬にも遠征したい」と思っていると、さっそく14日、大井競馬場で行われた全日本リーディングジョッキー競走（サラＢ３の選抜馬、選抜騎手戦）の招待をいただき、参戦。勝つことはできませんでしたが、全国の競馬場のリーディングジョッキーたちと腕を競い合えたことで、とてもよい刺激になりました。

さらに16日には、船橋競馬場で行われた中央交流重賞、ＮＴＶ盃（ＧⅢ）にパリスナポレオンで参戦することもできました。

毎回思うことですが、海外でも地方でも、自分にとって環境の違う場所で乗ると、本当に得るものが大きく、その経験を秋のＧⅠ戦線に活かせられればと思っています。

'98年の秋のＧⅠ第1弾は、秋華賞（10月25日）。僕はファレノプシスに騎乗予定です。そのファレノプシスが、９月27日、前哨戦としてローズステークスに出走します。

ファレノプシスは、春のクラシックで桜花賞を制した馬で、実力は折り紙付き。今回は桜花賞に比べ４００ｍ距離が伸びますが、２０００ｍまでなら、それほど不安には思っていません。秋華賞でも、かなりの確率で勝算はあると思っています。

浜田先生（調教師）からは、「暑い時期が続いても、夏バテすることはなかったし、春と比べてひと回りも、ふた回りも成長している」と聞いています。

春は桜花賞を制しながらも、虚弱体質といわれ、調教では恐る恐るの仕上げが精一杯でした。それに比べ、今回は8月中旬からメニューどおりの調教を消化。馬体重も桜花賞当時に比べ、およそ20kgは増えましたから、見るからにパワーアップ。レースでどんな走りを披露してくれるか、いまから本当に楽しみです。

ところで、秋のGI戦線といえば、今年の僕の騎乗馬のラインナップをみなさんご存じでしょうか？

ファレノプシスの秋華賞にはじまり、サイレンススズカの天皇賞。さらにスペシャルウィークの菊花賞、エアグルーヴのエリザベス女王杯とジャパンカップ、短距離路線ではシーキングザパールにも騎乗予定です。

3歳馬のGI戦こそ、騎乗馬はまだ確定していませんが、ここまで有力馬に恵まれたのは初めてのこと。もしかしたら、JRAの年間GI勝利記録（5勝）を更新できるかもしれない、と少し不遜な期待も抱いています。

ところが、そんな中にも一つだけ大きな悩みがあります。

それは、12月27日に行われる'98年度のGI最終戦、有馬記念の騎乗です。このレースはファン投票のドリームレースですから、僕のパートナーたちは百パーセントかち合うはず。どの馬も個性的で、実力も一級品ですから、全部自分で乗りたいというのが正直な気持ちです。

「〝分身〟が何人もいればなぁ」

なんて思ったりもしますが、贅沢な悩みですね。

とにかくいまは、目の前の一戦一戦を大事に騎乗して、ファンの方々の期待に応えられる結果を出したいと思っています。

1998年9月27日　阪神

第16回ローズステークス（GII）

ファレノプシス

1着（1番人気）

1　ファレノプシス
2　ビワグッドラック
3　エリモピュア

枠連　3－5　2450円
馬連　3－5　2430円

さよならナリタブライアン　史上最強馬がボクに遺したプレゼント

9月27日、阪神競馬場のＧⅡ、ローズステークスをファレノプシス（4歳）で快勝しました。訃報が届いたのは、その勝利ジョッキーインタビューのさ中。重賞勝ちの喜びも吹き飛ばす、あまりにショッキングな出来事。僕は一瞬、言葉を失いました。

「そんな……。まさか……。ウソやろう？」

僕が出会った馬の中では最強といえる、あのナリタブライアンが胃破裂のため、急死するなんて……。

’94年に史上5頭目の3冠馬に輝いたナリタブライアン。ブライアンと僕が初めてコンビを組んだのは、’95年、ブライアンが5歳の秋。国際ＧⅠジャパンカップからです。

ブライアンは、5歳の春までは南井騎手とのコンビで、競馬界に旋風をまき起こしてきました。しかし、’95年の阪神大賞典を7馬身差で圧勝した後、右股関節炎を発症。長期休養に入りました。

約7ヵ月ものブランクを経て、秋の天皇賞で復帰。ファンは当然のようにナリタブライアンを1番人気に支持し、復活を期待しましたが、そこに強いブライアンの面影はなく、12着に惨敗しました。そして不安だけを残して、僕が騎乗するジャパンカップへとコマを進めたのです。

通常、競馬で休み明け2戦目というと、体調は上向くものです。でも、この時のブライアンは下り坂。過去の実績から1番人気に支持はされましたが、あの体調で世界の強豪を敵に回すには、少々人気が先行し過ぎていました。

ただ、それでも、ブライアンはブライアン。

「もしかしたら、なんとかしてくれるんじゃないか？」

僕自身の中にもそういう気持ちはありましたし、それ以上にファンの方は、かつての豪快な走りの再現を期待していたと思います。

ところがレースでは、見せ場すら作れずに6着に惨敗。

この後も、ブライアンとのコンビで、有馬記念（4着）、阪神大賞典（1着）、高松宮杯（4着）と合計4鞍に騎乗し、阪神大賞典こそ優勝しましたが、結局、4歳時に見せた驚異の末脚は戻りませんでした。

僕は、ナリタブライアンの最盛期である4歳時に、フジノマッケンオーに騎乗して、その強さを嫌というほど味わってきました。フジノマッケンオーも決して弱い馬ではなかったのですが、「この馬（ナリタブライアン）だけには絶対にかなわない。1頭だけ違う生き物がレースに混じっている」と思ったほど。

これまでに７０００回を超えるレースに出走し、どんな強敵が相手でもつねに1着を狙っている僕に、はじめて、

「2着でしょうがないや」

と、思わせた馬がこのブライアンなのです。

4歳クラシック第1弾の皐月賞。本当に強い馬が勝つといわれている菊花賞。どちらもブライアンの強烈な印象が残っていますが、なんといっても圧巻はダービーです。

結局、このレースでフジノマッケンオーは4着に入線できたのですが、ブライアンはというと、そのはるか前方。己の影さえ踏ませず、他の馬がゴールした時には、ウイニングランをしていました。

「まるで怪物やな……」

あまりの強さに、茫然とさせられたことを思い出します。

かつて、オグリキャップが「怪物」と呼ばれました。オグリにも僕は騎乗しました

し、何度も強敵として対戦しましたから、その強さもよく知っています。ただ、オグリが相手の時は、少なくとも「勝てるかもしれない」と思うことはありました。展開のアヤや、オグリの前がふさがったりした場合には、自分の馬にもチャンスがある、と思えたんです。

ですが、ブライアンを敵に回していた当時、一度として勝てるとは思いませんでした。馬群がゴチャつこうが、前がふさがろうが、そんなことは関係ない。ブライアンが負けるはずがない、と諦めていました。「怪物」という称号は、まさにブライアンのためのものなのです。

確かに、僕にブライアンの騎乗が回ってきた時、彼の力は下降線をたどっていました。それでも、あれだけの名馬ですから、騎乗依頼をいただいた時は、それだけで感動しましたし、調教に乗る前日には、興奮のあまりなかなか寝つくことができなかったほどです。

ブライアン最後の勝利となった、'96年の阪神大賞典は、歴史に残る名勝負。500mに及ぶマヤノトップガンとの壮絶な叩き合いを制した時は、〝魂〟が震えました。

3コーナー過ぎからトップガンがスパート。それに並びかけるようにして4コーナーに飛びこんでいったブライアン。2頭が馬体を併せて直線を向いた時、それまで息を詰めるようにブライアンを見つめていたファンから、地鳴りのような大喚声が上がりました。前年の年度代表馬を相手に、もつれ合うようにして直線を駆け抜けていくその姿に、やがて喚声は絶叫と悲鳴に変わっていました。

僕とブライアンの背を後押ししてくれた、あの祈りにも似たファンの叫びは、いまでも耳の奥に残っています。あんな経験は、騎手として、そうザラにあるものではありません。

そして、引退レースとなった'96年高松宮杯。２００ｍの短距離スペシャリストたちを向こうに回し、ブライアンはスタート後そのハイペースにとまどっていました。しかし、直線の追い込みで見せた、一瞬の豪脚。短い中京競馬場の直線で、ブライアンは馬群を縫うようにして、最後のきらめきを見せてくれたのです。レース後僕が口にした、

「やっぱりブライアンは最強です」

という言葉は、本心からの言葉でした。

これらの思い出は、ブライアンが僕に遺《のこ》してくれた大きなプレゼントです。

全盛時の力にはとうてい及ばなかったとはいえ、そのブライアンに実際に騎乗できたことは、僕にとって大きな勲章だし、最高の財産だと思っています。

「騎手をやっていて、本当によかった」

いま、あらためてそう感じています。

それだけに、今回のことは非常に残念でなりません。ただ、いま騎手として思うことは、この競馬界の損失ともいえる出来事を、悲しいという気持ちだけで終わらせてはいけない、ということです。これからは、僕たちの手でブライアン級の後継馬を作っていかなければいけないし、それが彼に対する本当の意味での追悼になるんじゃないかと思っています。

ブライアンのような強い馬が存在し、それを日本の競馬界が育てたんだ、という「自信」も、ブライアンの大きな遺産だと思うからです。

’98年のダービーを制したスペシャルウィーク（4歳）。フランスのGIを勝ったタイキシャトル（5歳）、シーキングザパール（5歳）。それぞれがそれぞれの場所で、持てる力を出し切ること。それがブライアンに対する僕らの供養になるはずです。

僕は、’98年のダービー馬・スペシャルウィークこそ、ブライアンの〝最強伝説〟を継ぐ可能性を秘めている馬だと思っています。

僕が騎乗する馬が、「ブライアンを超えた」といわれる。それこそが、ブライアンへの〝恩返し〟だと思っています。

スペシャルウィーク　目標は来年の凱旋門賞

10月4日、阪神競馬場のメインレース、第12回セントウルS（GⅢ）で、関東馬・マイネルラヴ（牝4歳）が2着に3馬身差をつける圧勝。この馬にとって、悲願の重賞初制覇でした。僕自身にとっては、これで3週連続重賞V！　10月25日の秋華賞からスタートするGⅠ戦線に向け、気力、体力ともに充実してきました。

10月4日、中山競馬場で行われたクイーンSでは、桜花賞3着、オークス2着の実力馬、横山典弘騎手騎乗のエアデジャヴー（牝4歳）が快勝。同じく秋華賞を狙うファレノプシス（牝4歳）にとっては、強力なライバルが出現しました。

さらに、10月11日の毎日王冠（GⅡ）では、僕のサイレンススズカ（牡5歳）に加え、無敗の外国産馬エルコンドルパサー（牡4歳）、さらには3歳王者のグラスワンダー（牡4歳）が激突する（この原稿を書いている時点では、まだ結果は出ていませんが……）など、話題も盛りだくさん。

「いよいよやな」

さまざまなレースを頭に思い描いてはワクワク、ドキドキ。すでに興奮状態です。

さあ、そして、いよいよ第65回ダービー馬・スペシャルウィーク（牡4歳）が登場する京都新聞杯（GⅡ）。競馬ファンの皆さん、お待たせいたしました、といった感じですね。

僕自身は、まだ今回はスペシャルウィークに乗っていませんが、調教師の白井寿昭先生は早くも自信満々。9月28日に行われたスペシャルウィークのダービー祝勝会でお会いした時も、

「春当時に比べると、また一回り成長したよ」

と、目をキラキラと輝かせていました。

ただ、言葉にするのは簡単ですが、クラシックをめざす4歳馬にとって、夏は成長期に当たります。このひと夏を無事に過ごすということがどんなに難しいことか……。

過去、力があるといわれながら、夏の過ごし方を間違えたために、その後のGⅠ戦線から離脱していった馬を、僕自身、何頭も見てきました。それだけに僕としては、白井先生をはじめとするスタッフの方々の苦労に応えるためにも、キッチリと結果を出したいと思っています。

僕にとって、この京都新聞杯はデビューした'87年、そして'96年に、それぞれレオテンザン、ダンスインザダークと2度勝たせてもらっていますが、レース前の心境としては過去2度と段違いです。

レオテンザンの時は無我夢中という感じだったし、ダンスのときは、勝たなきゃいけない！という、なかば強迫観念にかられていたような気がします。

それに比べると、今年は、ただ勝ちさえすればそれでいいというのではなく、どんな内容で勝つか、ということが求められる重要なレースです。

僕に夢のダービージョッキーという座を与えてくれたスペシャルウィーク。しかし、この馬は、ダービーを制した時ですら、まだホンモノじゃない、これからもっともっと強くなるという手応えを感じていた馬。ついに、そのベールを脱ぐ時がやってきたという感じです。

僕自身の中では、ナリタブライアンを超える馬が、今いるとしたら、この馬以外にはないと思っているし、そのためには、目標はあくまで大きく、来年の凱旋門賞。

'98年、親友のペリエ騎手がサガミクス（牡4歳、仏）で凱旋門賞を勝ち、No.1の座に駆け上がったように、来年こそ僕も、スペシャルウィークをパートナーに、挑戦したいと密かに思っています。

ただ、そのためのハードルは十分過ぎるほどに高い。11月8日の菊花賞（GⅠ）もそのひとつですし、来年春の天皇賞（GⅠ）も絶対に超えなければいけないものになるでしょう。

でも、そうして、ひとつひとつのハードルを超え、もう日本には敵はいない、海外に行くしかない。そんな弾き出されるような状況で、凱旋門賞に挑戦することができたら、最高ですね。

1998年10月18日　京都

第46回京都新聞杯（GⅡ）

スペシャルウィーク

1着（1番人気）

1　スペシャルウィーク

2　キングヘイロー

3　タヤスメドウ

枠連　5－8　280円

馬連　10－15　360円

ファレノプシス　2冠制覇に視界良好

'98年のスポーツ界は、さまざまなジャンルで話題が盛りだくさんでした。中田英寿選手のセリエA（ペルージャ）入りと開幕2ゴールや、横浜ベイスターズの38年ぶりのリーグ優勝。さらに、アメリカ大リーグで記録されたマグワイア選手の70本塁打など、スポーツは国内外で大きな盛り上がりを見せてきました。

さて、「肝心の競馬はどうか?」といいますと……。少なくとも僕は、負けてはいないと思っています。近年、中央競馬では売り上げが下降気味だとか、人気に陰りが出てきたなどといわれていますが、こと秋のGⅠに関しては、最盛期並みの盛り上がりを見せてくれると思っています。

その理由は、なんといっても、例年にない個性的な実力馬たちが、オールキャストで秋のGⅠ戦線に登場すること。フランスのGⅠを勝ったシーキングザパール（牝5歳）&タイキシャトル（牡5歳）の直接対決（スプリンターズS）や、ナリタブライアンの遺志を継ぐ最強4歳牡馬・スペシャルウィークの菊花賞出走。さらに、〝暴走族〟

サイレンススズカ（牡5歳）の盾獲りなど、挙げればキリがありません。こういう馬たちに騎乗してレースに出られるというのは、騎手冥利に尽きますね。

中でも、天皇賞を狙うサイレンススズカの逃げは、個性という点ではNo.1。あの逃げは、ファンの心をくぎづけにするほど鮮烈で、〝走りに魅入る〟という楽しみ方をファンに与えてくれる馬だと思います。

10月11日、天皇賞（11月1日／東京競馬場）の前哨戦となった毎日王冠。サイレンススズカは、グラスワンダー、エルコンドルパサーという4歳外国産馬の双璧をなす2頭を敵に回し、2馬身半の着差をつけて圧勝しました。

まさに、

「むかうところ敵なし！」

春の宝塚記念で蹴散らした古馬陣に加え、4歳最強の外国産馬もねじ伏せたことで、天皇賞の大本命馬として、堂々と名乗りを挙げました。これでサイレンススズカは、今年に入って無キズの6連勝。僕自身も4週連続の重賞制覇となり、人馬共に秋のGI戦線に弾みをつけられました。

そして、10月25日に、待ちに待った、秋のGIシリーズが開幕します！　注目の第1

弾は、4歳牝馬限定の3冠最終戦である「秋華賞」。サイレンススズカに先んじて、ナリタブライアンと〝同じ遺伝子〟を持つ桜花賞馬・ファレノプシスが出走します。

ファレノプシスは、9月27日に行われた秋華賞トライアル・ローズステークスに出走して、秋緒戦を優勝で飾りました。ただし、この時、2着のビワグッドラックとは、クビ差という僅差での決着。着差から見れば辛勝ですから、ファンのみなさんは一瞬、

「アレッ」

と思ったのではないでしょうか？

ただ、僕にとっては、当日の天候（雨）、阪神競馬場のボコボコの馬場状態（稍重）を考慮に入れての騎乗。結果はゴール前ではクビ差まで迫られましたが、気分的にはだいぶ余裕がありました。

ファレノプシスは、オークスでは3着と敗れはしましたが、あの時は荒れ始めていた馬場などが敗因で、僕は力負けとは思っていません。5ヵ月前に比べると、ファレノプシスは身体もひと回り大きくなり、精神的にも大人になっています。ローズステークス優勝後は調教も順調で、秋華賞本番は最高の状態で臨むことができるでしょう。

今年の秋華賞は、メンバー的に見ても春と大差がありません。これは、怖い「夏の上がり馬」がいなかったということで、桜花賞馬ファレノプシスにとっては有利な状況だ

ということです。ローズステークスでは距離（２０００ｍ）も克服できましたから、人気に応えて優勝するだけのチャンスは十分にあると思っています。

唯一不安があるとすれば、当日の天気。極端な道悪の競馬になった場合は、どうなるのか予測がつきません。しかし、今回舞台はコースコンディションの良さにかけては定評のある京都競馬場ですから、それほど心配する必要はないでしょう。

1998年10月25日　京都

第3回秋華賞（GⅠ）

ファレノプシス

1着（2番人気）

1　ファレノプシス
2　ナリタルナパーク
3　エアデジャヴー

枠連　4－7　1140円
馬連　7－14　10460円

サイレンススズカ　力を信じて乗るだけ

　待ちに待ったスペシャルウィーク（牡4歳）の秋緒戦、京都新聞杯（10月18日）は、思いもよらぬ苦戦を強いられました。

　2着、キングヘイロー（牡4歳）とは、わずかにクビ差。

「もっと強い競馬で、スペシャルウィークの強さを、はっきりと出せる形で勝ちたかった……」

　正直、これが僕の本音です。

　馬体重のプラス10kgは、太いというよりは、むしろ夏を順調に越せた結果による成長分。春当時と比べて大きく変わった点はありませんが、すべてにおいて一回り成長した、というのが、僕の印象でした。

「勝つのは当たり前。それより、どんな勝ち方をするか」

　自信過剰に聞こえるかもしれませんが、それほど僕はこのスペシャルウィークに惚れ込んでいるのです。

ところが、前日からの雨で、馬場は水が浮いているような状態。稍重の発表ではありましたが、馬が歩けば、しぶきが上がるほどでした。こんな馬場ではたして、スペシャルウィークの実力を発揮できるのか……。

不安は現実となり、2コーナーで脚を滑らせたスペシャルウィークは、レースよりも馬場のほうに気を取られっぱなしになりました。3コーナーでは、スッと馬なりで上がっていきましたが、彼本来の走りではありません。

最後はなんとかキングヘイローを捕らえましたが、一瞬、

「これはヤバイかな」

と、考えるくらい、苦しい競馬でした。

それでも、休養明けの道悪という条件を考えれば、この勝利は価値のあるものだったと思います。あのナリタブライアンですら、秋緒戦は敗退しました。それを考えると、とりあえず第一関門をクリア、という感じですね。

さて今週のメインレースは、秋のＧＩシリーズ第2弾である天皇賞（11月1日、東京競馬場）です。

僕の騎乗馬は、毎日王冠（10月11日）を快勝したサイレンススズカ（牡5歳）。有力

古馬の秋緒戦となった毎日王冠、京都大賞典（10月11日）の結果を見るかぎり、圧倒的な1番人気になりそうです。

確かに、毎日王冠でのあの勝ちっぷりはインパクトがあったでしょう。いままでの〝大逃げ〟とは異なる〝後続馬を引きつけて逃げ、直線でまた引き離す〟という、かつてないレースぶり。ファンのみなさんには、サイレンススズカの新しい一面が見えたと映ったかもしれません。

ですが、あのレース、僕からいわせると、サイレンススズカは、単にいつものペースで走ったというだけなんです。大逃げをした時と走り自体は変わっていません。

後続馬を引きつける、いわゆる〝ダメ逃げ〟をしたように見えますが、これは、後ろの馬がサイレンススズカの脚を意識するあまりに、いつもより速いペースで競馬をしたことが原因。それが、いかにも後続を引きつけたように見えたのだと思います。でもサイレンスは、スタートからゴールまで、マイペースで走っていたに過ぎないのです。

今回のレースに限らず、サイレンススズカに騎乗する時は、何頭立てのレースになろうと、気持ちはいつもタイムトライアル。決められた距離を何秒で走れるか？　その一点だけを心に刻み込んでいるといってもいい過ぎではありませんね。

「天皇賞は、同じ逃げ馬のサイレントハンターが出走してくるけど、（競りかけられてきたとき）どう？」

マスコミの方には、何度となくこんな質問も受けましたが、残念ながら（？）サイレンススズカは、だからといって戦法を変えられる器用な馬ではありません。たとえどんな馬が出てきても、いつもの競馬をするだけです。

だから、不安がないといったらウソになりますが、彼の力を信じて、彼のペースで走らせることに専念します。

幸い、東京競馬場は彼の得意な左回りのコースです。距離体系がハッキリと分かれている現在の中央競馬では、中距離馬の彼にとって、この秋、確実に狙えるＧⅠは２０００ｍの天皇賞だけ。ぜひ、勝たせてあげたいですね。

1998年11月1日　東京

第118回天皇賞（秋）（GⅠ）

サイレンススズカ

競走中止（1番人気）

1　オフサイドトラップ
2　ステイゴールド
3　サンライズフラッグ

枠連　5－7　3680円
馬連　6－10　12210円

スペシャルウィーク　小細工はなしだ!!

秋のＧＩシリーズは、開幕戦の秋華賞（10月25日）でファレノプシス（牝４歳）の２冠達成という、最高のカタチでスタートすることができました。

結果は2着に入線したナリタルナパーク（牝４歳）とは、１馬身半の着差。楽勝とはいえない着差ですが、あまり有利ではない外枠14番からの発走を考えると、

「まずは一つ！」

と、胸を張れる結果だったと思います。

レースは、前半１０００ｍを１分１秒９という、超の字を二つ付けてもいいほどのスローペース。

僕自身、予想しなかった展開に、やや戸惑った感もありましたが、向こう正面で、

「ここが勝負や！」

と、やや強引に外、外を回ってスパート。距離のロスを考えると冒険でしたが、それ以上に、馬場のいいところを通ったほうが最終的にはベターだ、という判断は間違って

いませんでした。

距離のロスを防ぐために、直線入り口ではインに潜り込んで、ファレノプシスにゴーサイン！

「頼む、なんとか最後までもってくれ！」

皆さんにはどう映っていたのかはわかりませんが、僕自身はゴールの瞬間まで、祈るような気持ちでした。

結果から見れば、まさにすべてがうまくハマった秋華賞でした。3着に入線したエアデジャヴー（牝4歳）の伊藤正徳先生が、レース後、

「ユタカにやられたんだ。馬の仕上げは負けていない」

と、おっしゃったそうですが、僕としても会心の騎乗だったといえます。彼女を最高の状態に仕上げてくださったスタッフの皆さんに、あらためてお礼をいわせてもらいたい気分です。

ファレノプシスが所属する厩舎の浜田光正先生とは直接話をしていないので、ハッキリ断言はできませんが、どうやら彼女の次走は、ジャパンカップ（11月29日）になりそうです。

このレースには、僕の他の〝パートナー〟たち、エアグルーヴ（牝6歳）やサイレン

ススズカ（牡5歳）も出走を表明していますから、何とも複雑な気持ちです。が、きっと秋華賞馬の名に恥じないレースを見せてくれると思います。

そしていよいよ11月8日は菊花賞。デビュー2年目、僕はこのレースで初めての勲章を手に入れました。僕のＧⅠヒストリーの原点ともいえるレースですから、思い出も数え切れないほどあるし、自分の中では重みのあるレースとなっています。

初のＧⅠ勝利を僕にプレゼントしてくれたスーパークリーク（’88年）。ダービーでまさかの敗退を喫し、どんなことをしてでも勝ちたいと願い、執念で勝利を勝ち取ったダンスインザダーク（’96年）。

これまで、二度、菊花賞を制していますが、それ以外にも、’95年、牝馬のダンスパートナーで挑戦した菊花賞（5着）などは、僕の印象度としては、かなり上位に入ります。残念ながら結果は伴いませんでしたが、彼女は、もしかしたら……と思わせるだけの馬だったし、結果はともかくとして、歴史に残る出走は果たせました。

今年の僕のパートナーは、僕が絶対の信頼をおくスペシャルウィーク（牡4歳）です。

秋緒戦となる京都新聞杯（10月18日）は、キングヘイロー（牡4歳）相手にクビ差の辛勝。ダービー（6月7日）での圧勝を考えると、自分が思い描いていた勝ち方とは1ランクも2ランクも違っていましたが、とにかく、ここまで順調に来れたというのは何よりも朗報です。

ひと叩きされた上積みで、本番は大きく変わってくるはずだから、誰よりも僕自身が一番ワクワクしています。

スペシャルウィークの強さは……。いまさら説明するまでもありません。

本番は小細工などいっさいせずに、真っ向勝負でいきます！　他の騎手の方からはマークされるでしょうが、そんなことは気にせず、大本命馬にふさわしいレース内容で、

「さすが、ダービー馬！」

と、超満員になるはずのファンの方を、唸らせるような騎乗をしたいと思っています。

1998年11月8日　京都

第59回菊花賞（GⅠ）

スペシャルウィーク
2着（1番人気）

1　セイウンスカイ
2　スペシャルウィーク
3　エモシオン

枠連　2－8　460円
馬連　4－17　510円

サイレンススズカと僕の『魔の一瞬』

「あと、1分。たったそれだけ、何事もなく時間が過ぎていてくれたら……」

何度、こう、思ったかわかりません。しかし、サイレンススズカがバランスを失った〝魔の一瞬〟に、すべての夢は奪われました。天皇賞制覇も、海外遠征の夢も、そしてサイレンススズカの未来までも……。

11月1日、東京競馬場。秋晴れの空の下、秋の天皇賞は最高の馬場コンディションに恵まれていました。もちろん、馬場だけでなくサイレンススズカも僕も、同じく最高の状態だと確信していたのです。

サイレンススズカの単勝オッズは、1・2倍。圧倒的なファンの支持を集め、騎乗する僕も、

「天皇賞の歴史の中で、一番強いといわれる勝ち方を見せたい！」

と、胸を張れるほど、絶対に近い自信を持ってレースに臨みました。

理想的な1番枠を引き当て、スタートから快調に飛ばすサイレンススズカは、アッという間に後続に10馬身以上の差をつけました。

明らかにオーバーペースだと、誰もが思ったに違いありません。でも、それは普通のサラブレッドの場合です。しかし、サイレンススズカにとっては、これこそが理想のペース。

実際、レース途中までは少しの乱れもなく最高の走りでした。後続を引き離したまま通過した3コーナーでは、大楽勝を想像するファンも少なくなかったと思います。ところが、4コーナーの入り口が視界に飛び込んだ瞬間、僕の耳に信じられない音が響きました。

あの音を何と表現すればいいんでしょう。

これまでにも何度か経験がありますが、思わず耳をふさいでしまいたくなるような、なんとも言えない嫌な音。「ゴキッ」という擬音が一番近いかもしれません。どこかくぐもっていて、それでいて大喚声の中でも確実に聞こえる、ジョッキーが一番聞きたくない音です。

その瞬間、僕の頭の中は真っ白になりました。よりによってサイレンススズカが故障するなんて！　レース中の故障は大事故につながる……。

後続の馬群の音でやっと我に返り、冷静さを取り戻すと、激痛のために暴れ出そうとするサイレンススズカをコースの外に誘導。すぐに下馬して、馬運車が来るのをジッと待っていました。

「せめて、命だけは助かってほしい……」

今年に入って無キズの6連勝を達成し、この天皇賞では圧倒的な人気に応え、名実ともに古馬の頂点に立つはずだったサイレンススズカ。

5歳になってからのサイレンススズカは、破竹の進撃を続けました。圧巻だったのは5月30日に中京競馬場で行われた金鯱賞（GⅡ）の圧勝劇です。この時、2着の馬にサイレンスがつけたタイム差は、なんと1・8秒。競馬は0・1秒違えば1馬身違うといいますから、とてつもない大差勝ちです。

「今日の競馬ができたら、どんな馬と走っても絶対に負けませんね」

と、最強宣言したことを思い出します。

府中の4コーナーで馬運車を待つ間、これらの出来事がまるで走馬灯のごとく僕の心の中で甦りました。

「あと、1分もってくれていれば……」

何度も何度も、そんな気持ちばかりが押し寄せてきました。馬運車に乗せられていくサイレンスを見送り、検量室に戻った時も、とても冷静に話せるような心理状態ではありませんでした。そのため一度、ジョッキールームで気持ちを落ち着けてから、マスコミの皆さんの取材に答えたほどです。

故障の原因はマスコミの方々に話した通り、僕にも分かりません。コース上に穴が開いていたということもなく、レース前のサイレンススズカに予兆があったわけでもない。速すぎたといわれているペースも、前に述べたようにサイレンスにはごく当たり前のペースだった。本当に突然のアクシデントだとしかいいようがないんです。

ただ、競走馬の骨折はいつでも起こりうる出来事ですが、それでも安楽死という〝悲しい結末〟は避けたい――。

しかしその願いは届かず、サイレンススズカは左前脚の手根骨《しゅこんこつ》粉砕骨折で安楽死の処置が取られました。粉砕骨折というのは、その折れた脚を地面につけることさえできないほどの重傷。おそらく、普通の馬だったら、ジョッキーが大ケガを負うほど、激しく転倒していたはずです。

それなのに、これほどのアクシデントでありながら、サイレンススズカは転倒せずに踏ん張っていてくれたのです。

これは、サイレンススズカの主戦騎手だった者としての、単なる思い込みかもしれません。でも、いま思うとサイレンスは、

「僕がケガをしないように、痛いのをガマンして、最後まで必死に身体を支えてくれていたのではないだろうか」

　そう思わずにはいられません。

　古い競馬ファンの方なら、キーストンという馬のことを覚えているのではないでしょうか。’67年の阪神大賞典で、キーストンはサイレンスと同じ、左脚を故障し、転倒しました。その時、騎手だった山本（正司）先生（現調教師）は落馬して失神。キーストンは脱臼してブラブラになった足で立ち上がり、山本先生の顔に鼻面を寄せ、もう助からないであろう自分のことより、山本先生のことを気づかっているようだったといいます。

　騎手と馬との間には、時にそれほどの連帯感が生まれるものなのです。

「このレースが今後、武豊の騎乗に影響を及ぼすんじゃないか？」

　ある新聞は、こんな見出しで記事を書いていました。これに対してファンの皆さんもさまざまに議論していることでしょう。正直にいうと、僕自身、まったく影響がないとはいい切れません。

ただ、だからといって過去ばかり振り返っているわけにはいきません。僕を待っていてくれる馬たちのためにも、僕を応援してくれるファンのためにも、そして、僕を守ってくれたサイレンススズカのためにも、悲しみを乗り越えて、ひとつでも多くのレースを勝ちたいと思っています。それが、いま僕がサイレンススズカにしてやれる唯一の供養です。

バンブーメモリー　思い出のレース

11月7日に行われた第3レース。進路妨害による降着処分で、ファンの方々や高橋亮騎手、さらに関係者の方々に迷惑をかける結果となってしまいました。心から反省しています。

このレースは、'93年に僕が騎乗して桜花賞、オークスの2冠を制覇したベガの子供・アドマイヤベガのデビュー戦。僕としても、思い出深いベガの子供ですから、期待は大きかったのですが……。

問題の事故が起こったのは最後の直線。追い出しにかかった僕の手綱に反して、まだ幼さの残るアドマイヤベガは内側に斜行してしまいました。

「うわっ！」

思わず大きな叫び声を上げ、それでも懸命に体勢を立て直そうとしました。でも、後ろで高橋騎手の騎乗するフロンタルアタックが躓《つまず》くような体勢になっていることが分かり、

「これは、ヤバイな」

と、覚悟はしていました。

正直いって、GIシリーズ真っ最中の騎乗停止処分は、ものすごくショックです。しかしそれ以上に、高橋騎手に申し訳ないことをしたなあ、という気持ちでいっぱいです。

アドマイヤベガのデビュー戦もフイにしてしまったし、もう、最悪の気分ですね。

「後検量」に戻ると、裁決委員による事情聴取。その結果、11月14日から29日までの騎乗停止処分（実効6日間）が下りました。騎乗停止は、'94年10月2日のフランス遠征以来ですから、およそ4年ぶりの失態です。

今回の降着でファンのみなさんにかけたご迷惑を取り戻す意味でも、12月5日の騎乗再開からは、今まで以上に気持ちを引き締めて頑張りたいと思っています。

ところで、降着の翌日（11月8日）、菊花賞で大本命馬スペシャルウィークに騎乗しながら、2着に敗れてしまいました。この敗因を僕の精神的な部分に求めた方もいたようですが、はっきりいって、それはありません。

確かにサイレンススズカに続く悪い出来事ですから、ショックがないといえば嘘になりますが、菊花賞に関しては、勝ったセイウンスカイが強かったということ。

それに、敗れたとはいえ、結果は2着。巻き返す可能性は十二分にありますから、次走こそ、本当に強いスペシャルウィークの走りをお見せしたいと思います。

さて、11月22日は秋のマイル王決定戦、ＧＩのマイルチャンピオンシップ。残念ながら僕は騎乗できませんが、シーキングザパール（牝5歳）をはじめ、タイキシャトル（牡5歳）、キョウエイマーチ（牝5歳）といった有力馬の登録があり（11月12日現在）、目の離せない一戦となりそうです。

僕にとって、マイルチャンピオンシップは、'89年と'90年にバンブーメモリーに騎乗して連続2着したことで印象的なレースです。ただ、勝ったことはありませんから、実際のところは、あまり相性のよいレースではないかもしれません。

それでも、'89年のオグリキャップとの一戦は、敗れたとはいえ、内容は素晴らしい名勝負といえるレースでした。

両馬ともに5歳の充実期を迎え、オグリキャップは中距離路線の主役。それに対して、バンブーメモリーは春にＧＩの安田記念を制し、一気に短距離界のホープにまで成長していました。

レースの見どころは最後の直線。先に抜け出したバンブーに対し、オグリは後方から猛烈な鬼脚で追い込んできました。

馬体を併せての激しい叩き合いは、ゴール板を過ぎてもどちらが勝ったか負けたか分からなかったほど。写真判定の結果、ハナ差でオグリキャップに軍配があがりました。ゴール板のほんの手前まではバンブーが前にいたのですが、ゴール直前、オグリキャップが驚異的な勝負根性を発揮して、最後の最後で差されてしまったのです。

あまりの僅差に、悔しさも大きかったのですが、本当に名勝負でした。

今年は観戦する立場になってしまいましたが、純粋に素晴らしいレース、名勝負を期待しています。

エイシンキャメロン　朝日杯初制覇なるか

秋のGⅠシリーズも残すところ、あと3戦となりました。12月13日には、3歳牡馬No.1を決定する朝日杯3歳ステークス（芝1600m）が、中山競馬場を舞台に行われます。

このレースは、その年の優勝馬が翌年のクラシックレース、それも日本ダービーを制する確率が高いといわれるレースで、競馬ファンにとっては要チェックの重要なレース。過去にも、ナリタブライアンやミホノブルボン、アイネスフウジンなどの名馬がこのレースを勝ち、翌年のダービーの栄冠を手にしてきました。

設立から50回目の区切りとなる今年、僕のパートナーは、エイシンキャメロン。溢れんばかりのパワーとスピードが武器の外国産馬です。現在、成績は3戦3勝の負け知らず。外国産馬ということで、残念ながらエイシンキャメロンにはダービーへの出走権はありません。でも朝日杯3歳S優勝馬の多くが、ダービーに限らず、GⅠの大舞台で活躍していますから、当日のレースを思うと、いまから楽しみでなりません。なんとしても優勝を勝ち取りたいと思っています。

10月24日に行われたデイリー杯3歳ステークスでは、1番人気に応えて、余裕の逃げきり勝ち。スピードの違いでハナにたつと、あとは持ったままの楽勝ですから、本当に頼もしいパートナーです。

いまのところ彼に対して、不安らしい不安はいっさいありません。もちろん、まだ3歳馬ですから、気性的にはヤンチャ坊主の一面を残していますが、レースセンスは抜群。スピードを生かして一生懸命走る姿は好印象で、早くも大物感たっぷりです。

朝日杯3歳ステークスを間近に控え、唯一気になることがあるとすれば、このレースにいままで縁のないジョッキーでしょうか（笑）。

黙っていても、予想記事の中でマスコミの方に書かれてしまいそうですから、いまのうちに正直に白状しておきます。実は、僕はまだ、このレースで勝ち星を挙げたことがないんです。

ただ、皆さんはどう思っているか知りませんが、僕自身は決して相性の悪いレースとは思っていません。

'94年と'95年には、それぞれスキーキャプテン、エイシンガイモンという外国産馬に騎乗して、2年連続で2着になっています。なかでも、真っ白い芦毛馬スキーキャプテンの印象は鮮烈でしたね。4コーナーを最後方の10番手で回ると、中山の短い直線を一気に追い込み、幻のダービー馬といわれたフジキセキにクビ差まで詰め寄りました。

競馬では、同じ着差でも絶対に届かない着差と、あと数メートルあったらかわせたという着差がありますが、この時は完全に後者。それだけに、悔しさは大きかったのですが、この末脚が認められたことで、翌年のケンタッキーダービー（米国ＧＩ）への挑戦が決まったのです。そんなふうに、将来に繋がるという意味では、僕にとって相性の良いレースだと思っています。

朝日杯3歳ステークスでは、前走に比べてメンバーが強化されると思います。ですが、エイシンキャメロンにとっては、昨年優勝したグラスワンダーのような強力なライバルも見当たらず、チャンスは十分だと思います。この馬の持ち味を最大限にいかし、僕自身、惜敗続きから抜け出して、最優秀3歳牡馬のタイトルをエイシンキャメロンに獲らせてあげられたら最高ですね。

この秋は、騎乗停止やパートナーの故障などのアクシデントが重なり、秋のＧＩシリーズの中盤戦から、僕の心は沈みっぱなしでした。

毎年楽しみにしていたジャパンカップ（11月29日）も、悔しさをかみしめながら東京競馬場で観戦。これまで共に戦ってきたエアグルーヴ、スペシャルウィークの死闘をスタンドから応援することしかできませんでした。

すべて自分が招いたこととはいえ、あの惨めさ、あの寂しさは2度と味わいたくありません。

残るGIは三つ。もはやすべて勝つつもりで、レースに臨みます。

1998年12月13日　中山

第50回朝日杯3歳ステークス（GI）

エイシンキャメロン
2着（2番人気）

1　アドマイヤコジーン
2　エイシンキャメロン
3　バイオマスター

枠連　5－5　610円
馬連　7－8　620円

シーキングザパール　折り合いだけが鍵

　僕が久々にターフに戻った12月5日（土）、6日（日）の両日に、第12回ワールドスーパージョッキーズシリーズ（ＷＳＪＳ）が行われました。まるで僕の復帰を待っていてくれたかのようです（笑）。世界の一流ジョッキーたちと腕を競い合うことは、まさに興奮の連続でした。

　このシリーズは、第2回大会から、11年連続の出場となります。僕はいつも、あと一歩というところで優勝を逃してきましたから、

「今年こそは！」

と、いつも以上に力が入っていました。とはいえ、騎乗馬の選出は抽選です。優勝争いに名乗りを上げるには、運が大きく作用することになります。

　ただ、今年はシリーズ初戦となる「ゴールデンブーツトロフィー」を1着で飾れたことで、例年以上に手応えを感じていました。

　ところが、全4戦を終わってみると、結局僕の成績は、13人中の第4位。2戦目（ゴ

ールデンスパートロフィー／9着）、4戦目（ゴールデンホイップトロフィー／10着）で、大きく着順を下げてしまったことが、総合順位に響いてしまいました。

一方、優勝したオリビエ・ペリエ騎手は、3戦目（ゴールデンサドルトロフィー）の1着を含め、4着（ゴールデンブーツトロフィー）、6着（ゴールデンスパートロフィー）、3着（ゴールデンホイップトロフィー）と、実に安定した成績。ポイントを着実に加算して、見事、栄冠を手にしたのです。

ペリエ騎手は、ＷＳＪＳ最終日となる2日目（12月6日）にＪＲＡ通算１００勝の記録も達成しており、まさにこの日は「ペリエ・デー」。いま思えば、僕自身も、勢いという点では若干押されていたのかもしれません。

それでも、結果は4位に終わったとはいえ、世界のトップジョッキーたちと腕を競えたことで、自分なりの収穫がありました。そして何より、久々の騎乗でしたから、柄にもなくすっかり興奮して、レースが楽しめました。

さて、12月20日は、秋のＧＩシリーズ第9弾となるスプリンターズステークス（芝１２００ｍ）が、中山競馬場を舞台に行われます。

僕のパートナーは、すっかりおなじみのシーキングザパール（牝5歳）。前走のマイルチャンピオンシップ（11月22日）は、僕が騎乗停止中だったことで、手綱をとることはできなかったのですが、今回からはコンビ復活。マイルチャンピオンシップの敗戦後も状態自体は変わらずよく、中間の調整も順調に消化していると、森秀行先生（調教師）からは聞いています。

シーキングザパールといえば、夏のフランス遠征でもＧＩ（モーリス・ド・ギース賞／芝１３００ｍ）を制覇したように、相当の実力馬であることは、ファンの皆さんも知っての通り。

ところが、そんな実力馬である彼女にも重大な欠点がひとつだけあります。それは、折り合い面です。マイルチャンピオンシップもそうでしたが、折り合いを欠いた時点で、レースが終わってしまう。それくらい気難しい馬なのです。

シーキングザパールには、昔から苦労をさせられてきましたが、最近特にその傾向が強くなっています。折り合いを保つには、１６００ｍという距離は長過ぎると、僕は考えています。いまは、距離は短ければ短いほどいい、というのが正直な気持ちですね。

ただし、気難しいというのは、それだけ闘争心が激しいという見方もできます。それに、今回出走するスプリンターズステークスは、〝電撃の６ハロン〟ともいわれ、彼女にとっては理想的な距離のレース。

日本最強のマイラーといわれるタイキシャトル（牡5歳）が出走してきても、思いきった乗り方が上手く展開にハマりさえすれば、ひと泡吹かせることは、十分可能だと思います。

6ハロン戦はレースの流れも速く、折り合いはつけられるはず。百パーセント実力を発揮した時の彼女の走りは、想像しただけで、いまからワクワクします。

1998年12月20日　中山

第32回スプリンターズステークス（GⅠ）

シーキングザパール

2着（2番人気）

1　マイネルラヴ
2　シーキングザパール
3　タイキシャトル

枠連　2－5　2930円
馬連　3－10　15920円

エアグルーヴ〝名牝〟の引退レース

'98年の中央競馬の締めくくりとなるグランプリレース・有馬記念（ＧＩ）が、12月27日に中山競馬場で行われます。

秋華賞からスタートした、10週連続となる秋のＧＩシリーズ最終戦。'98年の秋は、中盤で思い出すのもつらい大きなアクシデントなどが起こり、残念なシーズンとなってしまいました。成績を伸ばせなかった分も含め、このグランプリレースに全力を注いで有終の美を飾りたいと思っています。

このＧＩシリーズ最終戦で、僕がコンビを組むのは、エアグルーヴ（牝６歳）。騎乗停止中に行われたエリザベス女王杯（11月15日）、ジャパンカップ（11月29日）の２戦は、手綱を取ることができなかったので、コンビ復活は３戦ぶりとなります。

エアグルーヴは、'98年の有馬記念を最後に引退が決まっています。'97年の有馬記念では、シルクジャスティスとマーベラスサンデーに敗れ、無念の３着。ですが今回は、花道を最高の形で飾る為にも、百パーセントの力を引き出してあげられればと思います。

僕とエアグルーヴは、3歳時からコンビを組んできましたから、彼女に対する愛着は人一倍あるつもりです。

4歳時にオークス、5歳時には牝馬ながら天皇賞を制覇して、’97年の年度代表馬にも輝いたエアグルーヴは、まさに〝名牝〟です。6歳となった’98年も、GIの勝ち星こそ挙げてはいませんが、2年連続となるジャパンカップ2着など、力の衰えは感じられません。

有馬記念のファン投票でも、4歳牡馬クラシック2冠（皐月賞、菊花賞）を制覇したセイウンスカイを僅差ながら抑え、第1位に選ばれました。この得票数は、ファンの方々の彼女に対する期待の表れでしょうから、その期待に応えられるような騎乗をお見せしたいと思います。

ところで、僕が、有馬記念で引退する馬に乗る。そういうと、ファンの方々なら、あの馬のことを思い出すのではないでしょうか。それは、’90年の有馬記念で騎乗した、オグリキャップです。

この時のオグリキャップは、休養明けの天皇賞とジャパンカップを惨敗して、体調はボロボロ。ファンやマスコミの間では限界説がささやかれ、〝怪物〟と呼ばれたころの彼とは、まるで違う馬になってしまったかのような扱いを受けていました。

ただ、それでも、あのオグリキャップの引退レースです。状態はあまり良くないとはいえ、瀬戸口勉先生（調教師）から騎乗依頼を頂いた時は、

「僕が、オグリの引退レースで手綱をとれるんだ」

と、誇らしい気持ちになったことを覚えています。確かに、レースに臨むうえで、状態面など不安な部分も大きかったと思います。ですが、騎乗する僕としては、その年の安田記念でコンビを組み、レコードで圧勝したときの記憶や、敵として幾度も苦汁をなめさせられた経験から、彼に対する印象はやはり〝怪物〟のままでした。

ですから、レースではヘタな小細工などせず、

「〝怪物〟と呼ばれたオグリキャップのレースをしよう」

と、ただそのことだけを考えていました。

そして、迎えた有馬記念。やっぱり、オグリは最後までオグリでした。

外から迫るメジロライアン、内から強襲する1番人気のホワイトストーンを退けて、両馬の間から抜け出したオグリは、全盛期の末脚そのままに、力強くゴール板を駆け抜けて、奇跡の優勝！

その瞬間にスタンドから沸き起こった15万人の「オグリコール」、「ユタカコール」に

は、全身が震えるような興奮を覚えました。あの時のことを考えると、いまでも鳥肌が立ちそうになります。

'98年のパートナーであるエアグルーヴは、オグリのときとは違い、状態面に関して問題はありません。僕自身、自信を持って騎乗できますから、最高の形で一年を締めくくりたいと思います。

8年前の再現ではありませんが、中山競馬場の大喚声を思い出に、母となるエアグルーヴを送り出してあげたいですね。

1998年12月27日　中山

第43回有馬記念（GⅠ）

エアグルーヴ

5着（2番人気）

1　グラスワンダー
2　メジロブライト
3　ステイゴールド

枠連　1－5　2290円
馬連　2－10　4430円

エイシンキャメロン　距離延長も問題ない

日本、フランスに続く3ヵ国目、アメリカでのGI（サンタモニカハンデ・ダート1400m）制覇に挑んだシーキングザパール（牝6歳）は、最後の直線で2頭をかわしたものの4着。残念ながら、大偉業の達成は、次回に持ち越しとなりました。

レース当日（1月23日＝日本時間同24日）のシーキングザパールは、イレ込むこともなく調子はまずまず。初めてのダートコースにも、特に気をとられている様子はなかったので、

「実力は証明済みだし、これならば、きっといい勝負になる！」

と思っていました。

ところが、レース直前になって、思いもよらぬハプニングが起こったのです。早いペースでレースを引っ張ると見られていたホリーノラ（牝5歳）、ユロアラーニ（牝7歳）の先行馬2頭が、突然の出走回避。

道中、力を温存して、最後の直線で末脚を爆発させるシーキングザパールにとって、

唯一の不安は、ペースが遅くなり末脚が不発に終わることでした。それだけにこの回避を知らされた時は、内心ガッカリというか……。

案の定、レースはアメリカの競馬には珍しいスローな流れ。しかも、3コーナーで突如ペースが上がった時、馬が戸惑ったのか、やや離されてしまいました。それでも、シーキングザパールは必死にこらえ、徐々に盛り返すと、わずか200mほどの直線を追い込んで4着に入線。

結果だけみれば、完敗かもしれませんが、展開の合わない初のダート競馬で直線末脚を伸ばし、優勝したストップトラフィック（牝7歳）に4馬身差まで詰め寄ったことを考えれば、内容的には満足のいくものだったと思います。それに、次にアメリカで走るチャンスがあるとすれば、2回目のほうがよりいい結果を残せる自信はあります。夢を実現させるためにも、シーキングザパールと共に、もう一度チャレンジさせてもらいたいですね。

さて、話は国内へと変わります。2週間ぶりとなる中央での競馬ですが、2月7日は、京都競馬場できさらぎ賞（GⅢ）に騎乗します。

パートナーは、'98年の朝日杯3歳ステークス（12月13日、GⅠ）で騎乗し、アドマイヤコジーン（牡4歳）の2着に惜敗したエイシンキャメロン（牡4歳）。レース後も、順調に調整を続け、出走態勢は整いつつあります。

きさらぎ賞は、朝日杯から200m延長された1800m戦。ファンの方々は延長された距離の適性を心配されるかと思いますが、前走のように、先行馬が失速する厳しい流れを乗りきり、優勝争いを繰り広げた内容は、〝勝ちにも等しい〟と思っています。よほど厳しい流れにならない限り、1800mという距離も問題ないでしょう。

エイシンキャメロンの実力から考えても、GⅢレベルで足踏みするような馬ではありませんし、春の最大目標、NHKマイルC（5月16日、GⅠ）を目指すためにも、ここは負けられない一戦となりそうです。

また、僕自身、昨年このレースをスペシャルウィークで制し、ダービー制覇へのきっかけを作ったという思い出があります。僕は、ゲン（縁起）を担ぐほうではありませんが、ダービー制覇へのステップレースとなったことで、なんとなく意識する気持ちも出てきました。ですから、

「きさらぎ賞を2連覇で飾りたい！」

という気持ちは、今まで以上に強いですね。

もちろん、エイシンキャメロンの場合、外国産馬のため、スペシャルウィークと同じ

ようにダービーには挑戦できません。けれども、実力的には名馬と呼ばれる素質は備えています。今後の成長次第で、今回のきさらぎ賞は〝あのエイシンキャメロンが4歳初戦に選んだレース〟といわれる可能性もあり、僕も最高の騎乗でサポートしてあげたいと思います。

1999年2月7日　京都

第39回きさらぎ賞（GⅢ）

エイシンキャメロン

2着（1番人気）

1　ナリタトップロード
2　エイシンキャメロン
3　ケイアイイジョン

枠連　3－6　240円
馬連　5－10　350円

マチカネフクキタル　ついに〝福来たる〟⁉

　1月31日に行われた中央競馬唯一のダートGI・フェブラリーステークス（東京競馬場／ダート1600m）は、公営岩手競馬所属のメイセイオペラ（牡6歳）が快勝。僕の騎乗するエムアイブラン（牡8歳）は、残念ながら2着という結果に終わりました。

　エムアイブランとメイセイオペラの対決は、初対戦だった'98年の帝王賞（6月24日／大井競馬場）から通算して、これで4戦4敗（南部杯は小池騎手騎乗）の成績です。

　今回の着差も、完敗といえる2馬身差。勝負としての悔しさは当然残りますが、レースでは、彼の力を十分に引き出すことができたと思います。道中はスムーズに折り合ってくれましたし、8歳という高齢ながら最後によく伸びてくれたことからも、内容的には満足しています。

　また、今回優勝したメイセイオペラのレースぶりは、

「強かったなぁ」

と、素直に言えるほど、素晴らしい内容でした。

とはいえ、騎手は勝つことが仕事です。次に対戦する機会があれば、ぜひ雪辱を果たしたいと思います。

ところで、フェブラリーステークスのレース後、一部の人たちが、「地方競馬の所属馬が、中央開催のGIを制覇した」と、騒いでいたのを聞き、残念に思いました。レースとは馬同士が走るものです。〝地方〟や〝中央〟に所属することは、巡り合わせであって、馬の実力には関係ありません。

当然、地方にも能力の高い馬はたくさんいますし、このように騒ぐこと自体が、地方競馬に対する格下意識の表れではないのでしょうか。今回の結果がいままでの偏った意識を修正させるきっかけになってくれればと思います。

さて、2月14日の僕の騎乗馬についてお話ししたいと思います。出走レースは、京都競馬場で行われる京都記念（芝２２００ｍ）。パートナーは、’97年度の菊花賞馬・マチカネフクキタル（牡6歳）です。

マチカネフクキタルとのコンビは、彼の4歳時に福島競馬場で出走したさくらんぼステークス（’97年7月5日／芝１７００ｍ）以来ですから、今回、およそ1年半ぶりのコンビ復活となります。

　さくらんぼステークスでは福島の短い直線を中団からカミソリのような切れ味で差しきって、レコード勝ち。この時は、

「もの凄い馬が現れた！」

　と、驚いたことを思い出します。

　マチカネフクキタルは、このレース後、主戦騎手である南井騎手とのコンビで重賞を連覇すると、勢いは止まることなく、菊花賞までも制覇。しかも、３０００ｍの競馬で、上り３ハロン（６００ｍ）33秒９の脚を見せられた時は、驚きと同時に、

「でも、あの馬なら……」

　と、妙に納得させられた覚えがあります。

　ところが、そんな彼も菊花賞後は、持病の爪の悪さが影響したのか、信じられないほどの絶不調に陥りました。前走の有馬記念も、見せ場すらなく終わっています。

　ここまで書くと、ファンのみなさんの注目はマチカネフクキタルの〝爪〟の状態に集まると思いますが、ご安心ください！　二分先生（調教師）からは、治療の甲斐もあって〝今回こそは完治〟した状態で京都記念に臨めると聞いています。

　マチカネフクキタルは、誰もが認める実力馬、ＧＩホースです。スランプ脱出のきっかけさえつかめば、あのケタ外れの末脚は必ず甦ると信じています。また、爪のせいで

これまで満足にレースをしたことがほとんどないことから、今後も成長する余地は十分でしょう。僕自身は、この点を非常に楽しみに思っています。

また今回は、二分先生から騎乗依頼を年明け早々にいただいています。こういう点からも、先生やスタッフの方々の京都記念にかける意気込みを感じていますから、ぜひ勝って期待に応えたいと思います。

1999年2月14日　京都

第92回京都記念（GⅡ）

マチカネフクキタル

2着（4番人気）

1　エモシオン

2　マチカネフクキタル

3　サイレントハンター

枠連　5－7　620円

馬連　5－8　610円

アドマイヤベガ　クラシック候補登場

全面改修中の小倉競馬場。リニューアルオープンは7月17日になりますが、2月23日、関係者による馬場の試走会が行われました。

改修されたコースは以前と比べ、格段に乗りやすくなっています。芝の感触も、クッションが利いて最高でした。

コース上での大きな変化は、コース幅の拡大と、カーブが緩やかになったこと。特に1、3コーナーが入りやすく、馬にとっても騎手にとっても、親切な設計となっています。

ちなみに、ここは、僕が毎年夏に参戦している思い入れたっぷりの競馬場で、いわば第二の故郷とも言える場所です。それだけに、オープン初日の開催には、ぜひ参戦したいと思っています。

また、参戦するからには、ファンのみなさんに喜んでもらえるような騎乗をお見せしたいと思いますので、ちょっと気の早いお願いですが、今年の夏は、ぜひ小倉競馬場へ遊びに来てください。

さて、3月7日の騎乗レースですが、

「今年ほどレーススケジュールを恨めしいと思ったことはない」

というくらい、辛い選択となりました。この週は、重賞が土日で4レースも組まれた豪華な2日間で、僕が騎乗可能なレースは二つありました。一つは、弥生賞（中山競馬場・GⅡ）のアドマイヤベガ（牡4歳）。もう一つは、マイラーズカップ（阪神競馬場・GⅡ）のファレノプシス（牝5歳）です。

本来ならば、有力馬2頭に騎乗できて、最高の週となるところでしたが、残念ながらこの2レース、どちらも日曜日の開催。

結論をいうと、今回は、アドマイヤベガで弥生賞に参戦します。けれど、およそ1年にわたりコンビを組んできたファレノプシスの騎乗依頼をお断りした時は、まさに後ろ髪を引かれる思いでした。

僕とのコンビで桜花賞、秋華賞と2冠を制した彼女の5歳緒戦であるだけでなく、夏には海外遠征のプランも挙がっていた矢先でもあり、本当に辛い選択です。

このレースは、彼女にとって今後を占ううえで、重要な一戦となることは間違いあり

ません。それだけに、騎乗はできなくても、

「絶対に勝ってほしい！」

という気持ちでいっぱいです。最高の形で一年のスタートを切ってもらいたいですね。

ところで、騎乗が決まっているアドマイヤベガはというと、これが実は最高の状態なんです。2月24日に、今年初めてアドマイヤベガの調教に乗ったのですが、昨年と比べてパワーが大幅アップ。クラシックに向けてよいスタートが切れそうな予感がしています。

皐月賞（4月18日）を目指したステップレースとして選ばれた弥生賞も、僕にとっては相性の良いレースです。昨年もスペシャルウィーク（現牡5歳）で、'96年から3連覇という記録を達成。勢いそのままに、日本ダービーも制覇することができました。

こんなことをいうと、ファンのみなさんもマスコミの方々も、スペシャルウィークと比較してしまうでしょうね。同じサンデーサイレンス産駒で、雰囲気もそっくりのアドマイヤベガは、実力的にもスペシャルウィークとほぼ互角だといえます。

いや、むしろ、現時点でいうならば、スペシャルウィーク以上に理想的なローテーションで進んできている分、順調さでいえばスペシャルウィーク以上でしょう。4歳牡

馬、春のクラシックを前にして、

「今年は、この馬でいける！」

という気持ちにさせてくれる馬です。

デビュー戦こそ、1着降着という残念な結果に終わりましたが、2戦目以降は文句のつけようがない戦績とローテーションで弥生賞へ。

少なくとも、いつも先頭でゴール板を駆け抜けているという意味では、いわば無敗のクラシック候補生です。

皐月賞と同じコース、同じ距離で行われる、この弥生賞を、ぜひ4連覇して、気持ちよく本番を迎えたいと思います。

1999年3月7日　中山

第36回弥生賞（GⅡ）

アドマイヤベガ

2着（1番人気）

1　ナリタトップロード
2　アドマイヤベガ
3　マイネルシアター

枠連　4－7　280円
馬連　6－12　290円

トゥザヴィクトリー　将来性充分の期待馬

エイシンキャメロン（牡4歳）で58kgの酷量を背負って出走したアーリントンカップ（2月28日）は、優勝馬の降着により、繰り上がりで1着という結果になりました。降着馬の関係者のことを考えると、素直に喜べないところです。でも、58kgの斤量を背負いつつ、ゴール直前で進路を阻まれて失速するという大きな不利から態勢を立て直し、2着に入線できたことは、高く評価することができると思います。あらためて、エイシンキャメロンに秘められた高い素質を感じ取ることができました。

大目標であるＮＨＫマイルカップ（5月16日／東京競馬場・芝１６００ｍ）では、アクシデントの発生しない、まぎれなしの自力勝負で、バイオマスター（牡4歳）をはじめとした強豪馬たちを退けて、1着入線を果たしたいと思います。

さて、今開催（3月13日・14日）の僕の騎乗レースですが、今週は中山競馬場と阪神競馬場で、マーチステークス、中山記念、4歳牝馬特別という三つの重賞が行われます。この中で、僕は日曜日に阪神競馬場で行われる4歳牝馬特別（14日）に、トゥザヴイクトリー（牝4歳）とのコンビで出走します。

トゥザヴィクトリーは、これまで3戦2勝の成績。デビュー戦（'98年12月13日／芝1600m）で幸騎手が手綱を取った後、僕にバトンタッチされました。

僕にとって初騎乗となった福寿草特別（1月10日／4歳500万下特別・芝2000m）は、ペースに合わせた2番手追走も、オリビエ・ペリエ騎手騎乗のスリリングサンデー（牡4歳）に逃げきられ、2着に惜敗。好位で折り合いもつき、気性の荒いことで有名なサンデーサイレンス産駒ながら、落ち着いたレースぶりを見せていただけに、残念な結果となりました。

それでも、3戦目のつばき賞（1月30日／4歳500万下特別・芝2000m）では、僕自身としては初めて、トゥザヴィクトリーとしては2勝目となる勝ち鞍を「逃げきり」で挙げることができました。レースのトータルバランスで、将来性を感じさせる内容を披露してくれたと思います。

今回出走する4歳牝馬特別は、距離が1400mに短縮されますが、スピードの絶対値でカバーできるはずです。注目の状態に関しても、池江先生（調教師）からは、「文句なしの状態！」

と聞いていますので、スタートに細心の注意をはらって、桜花賞（4月11日／阪神競馬場・芝１６００ｍ）の出走権を手に入れたいと思います。

当日は、レース後にファンの皆さんから、4歳牝馬のサンデーサイレンス産駒としてはNo.1だ、といってもらえるような、素晴らしい騎乗ができたら最高ですね。

また、同じ14日に、中山競馬場で行われる中山記念も、スペシャルウィーク（牡5歳）と共に古馬戦線を戦う僕としては、注目のレースです。

'98年のグランプリホースに輝いたグラスワンダー（牡5歳）や、'98年のオールカマー（9月20日）で僕が代打騎乗して優勝した実力馬ダイワテキサス（牡7歳）、香港の国際GⅡレースを制覇したミッドナイトベット（牡6歳）も出走予定と聞いています。

今後、彼らがライバルとなっていくことを考えれば、年明け緒戦におけるそのレースぶりは気になるところです。

毎年この時期になって、ようやく現実味をおびてくる〝ＧⅠ〟という響き。

いまのところ、僕のパートナーたちは、骨折してしまったアドマイヤコジーン（牡4歳）を除いて順調そのもの。4歳馬、古馬共に「有力馬がめじろ押し」という状態ですから、本番が本当に楽しみで、ワクワクしています。

今年も4歳クラシックはもちろん、ＮＨＫマイルカップや、古馬のＧⅠレースも、短

距離、長距離にかかわらず、

「すべて勝つつもり！」

で、春のＧⅠシリーズに突入したいと思います。

1999年3月14日　阪神
第33回4歳牝馬特別（GII）
フサイチエアデール
1着（1番人気）

1　フサイチエアデール
2　ステファニーチャン
3　フォルナリーナ
枠連　3－7　890円
馬連　6－14　960円
＊トゥザヴィクトリー除外の為、フサイチエアデールに乗り替わり

スペシャルウィーク　凱旋門賞を目指して

'99年の4歳牡馬クラシック戦線を戦いぬくうえで、絶大な信頼をおいているアドマイヤベガ（牡4歳）。その春の緒戦・皐月賞トライアル「弥生賞」（3月7日）は、後方から怒濤の追い込みを見せるも、2着と惜敗しました。

本番に向け、勝利で弾みをつけるという目標を達成することができなかったのは、非常に残念です。

レース翌日、スポーツ新聞のなかには、

「アドマイヤベガ、価値のある2着」

といった大見出しが載っているものもありましたが、こと弥生賞に関しては、「2着は2着」でしかありません。

結果がすべての競馬界においては、勝った馬が強かったということです。

とはいえ僕なりに、アドマイヤベガに秘められた実力を充分に感じ取ることができましたので、皐月賞（4月18日）、ダービー（6月6日）と続く、春の4歳牡馬クラシック戦線はきっと楽しめると思います。

さて、阪神競馬場で行われる伝統の長距離重賞競走・阪神大賞典（3月21日／芝３０００ｍ）にはスペシャルウィーク（牡5歳）とのコンビで出走する予定です。

諸事情により、コンビ復活は、菊花賞以来となりますが、スペシャルウィークに限っていえば、今年緒戦のアメリカジョッキークラブカップ（ＡＪＣ杯・1月24日）をオリビエ・ペリエ騎手とのコンビで制し、'98年の日本ダービー馬としての実力は強烈にアピールしてくれました。

この勝利で、昨年秋から続いていた「善戦止まり」の悪い流れも断ち切り、僕がダービーを勝つ前から公言していた、

「スペシャルウィークは、ナリタブライアン級の名馬になれる！」

という気持ちを、あらためて強く感じさせる結果になったと思います。

今回のレースも自信を持って騎乗することは当然です。でも現段階（3月10日現在）では、まだ調教にも跨《また》がっていませんので、「スペシャルウィークの体調」や、「昨年に比べて、どのへんが、どのように変わったか」という具体的な内容は、お話しすることができません。

それでも、白井寿昭先生（調教師）からは、

「間違いなく、ダービーを制覇した時よりもパワーアップしている。調教も前走に比べて順調だし、疲れも残っていないことから、阪神大賞典には自信を持って送り出せる」

と聞いています。

僕自身、久々に跨がるスペシャルウィークに対しては、〝強い競走馬を支持するファンのような気持ち〟も感じていますので、本当に楽しみ。いまからワクワクしている状態です。

今回の結果如何《いかん》では、春の最大目標となる天皇賞（5月2日）への見通しが立つだけでなく、ダービーを勝った直後から意識していた海外遠征の夢、それも世界最高峰に位置するフランスの国際ＧⅠレース「凱旋門賞」が視界に入ってきます。

「スペシャルウィークとのコンビでロンシャン競馬場を駆ける」

という目標に、一気に近づけるはずです。

また、巡り合わせとは不思議なもので、阪神大賞典は’96年、ナリタブライアンの最後の勝利となった思い出のレースです。ライバルホースだったマヤノトップガンとの激しいたたき合いは、歴史に残る名勝負でした。３コーナーから５００ｍに及ぶ死闘の結末は、わずかに〝ハナ差〟。喜びと疲れが、まさに「ドッ」と押し寄せてきたレースでし

た。

このような巡り合わせから考えてみても、阪神大賞典というレースそのものが、ポスト・ナリタブライアンを目指すスペシャルウィークにとって、ターニング・ポイントといえるレースになるかもしれません。

そのためにも、このレースをナリタブライアンの後継者と呼ぶにふさわしい勝ち方で制覇して、凱旋門賞出走の夢を実現させたいと思います。

1999年3月21日　阪神

第47回阪神大賞典（GII）

スペシャルウィーク
1着（2番人気）

1　スペシャルウィーク
2　メジロブライト
3　スエヒロコマンダー

枠連　5－8　150円
馬連　5－8　150円

フサイチエアデール　桜花賞5勝目を狙う

競馬ファンのみなさん、お待たせしました！　春のＧＩシリーズが、いよいよ開幕します。第1弾となる4月11日は、僕にとってもっとも相性のよいＧＩといえる桜花賞。昨年のファレノプシス（牝・現5歳）に続き、五度目の桜花賞制覇を狙います。

過去、四度も制覇している桜花賞と僕の〝関係〟は、いまから10年前、’89年にシャダイカグラとのコンビで制覇した時に始まります。

この年は、シャダイカグラが他馬と圧倒的な実力差を見せていたことから、いまはない単枠指定の措置が取られました。僕自身も、この決定は当然予想していたのですが、枠順抽選で思わぬハプニングが。なんと抽選で引き当てた枠が、8枠。この時点で大外18番ゲートからの出走が決定してしまったのです。力比べでは、絶対に負けない自信を持っていましたが、カーブがきつい阪神競馬場の１６００ｍ戦を大外から出走することは、明らかに不利。この時ばかりは、

「負けるとしたら、理由はこれだな……」

と、一瞬弱気になったことを思い出します。

しかし、レースでは、僕が考えていた以上に他馬との実力差があったらしく、出遅れなどの不利も乗り越え、アタマ差、ホクトビーナスをかわして優勝。これがデビュー3年目で手にした初の桜花賞の勲章でした。

その後、’93年にベガで2度目の栄冠に輝くと、翌年’94年には、笠松競馬出身で、オグリキャップの妹にあたるオグリローマンで連覇。三度目となる勲章を手に入れたのです。

ベガは、’99年僕が4歳クラシックに向けて期待している一頭、アドマイヤベガ（牡4歳）のお母さん。ベガの桜花賞は、続くオークスの時に比べて、距離面で若干不安もあったのですが、そこは気性のよさでカバー。ぴったり2番手で折り合いをつけると、直線、あっさり抜け出し、迫るユキノビジンをクビ差退けて優勝しました。狙い通りに勝てたことから、’93年の僕のベストレースだといえます。また、翌年のオグリローマンの時は、この時ほど桜花賞との相性のよさを意識させられたことはなかったですね。

兄のオグリキャップとは対照的に、実は他馬に対して異常なほど「臆病」だったオグリローマン。前の馬がちょっと尻尾を振っただけでも、「ビクッ」とするような馬だったんです。にもかかわらず、抽選で引き当てた枠が、最悪ともいえる最内1番枠。

半ば諦めに近い気持ちになりましたが、道中なだめすかしながら直線を迎えると、オグリローマンは突如大爆発したのです。なんと、あの臆病なローマンが馬群を割って先頭に進出。そのまま他馬を振りきって、1着でゴール板を駆け抜けました。

オグリの血が大舞台で騒いだといえばいいのか、それとも僕と桜花賞の相性がよほどよかったのか、これはいまだにナゾです。

そして’98年、ファレノプシスとのコンビで四度目となる桜花賞制覇を達成しました。

’99年、僕と共に桜花賞を狙うパートナーは、フサイチエアデール（牝4歳）。シンザン記念（1月17日）に続き、前哨戦となる4歳牝馬特別（3月14日）も圧勝で飾った実力馬です。

彼女のことは、あらためて細かい説明はしませんが、現時点での桜花賞最有力候補であることは間違いありません。

一戦ごとに成長を遂げ、前走の4歳牝馬特別は、直線で完全に他馬を引き離す段違いの性能を見せつけました。新馬戦でタイムオーバーによる出走停止処分を受けた馬とは、とうてい思えないような成長を果たしています。

ライバルホースの中には、まだ対戦したことのない実力馬・スティンガー（牝4歳）などもおりますが、フサイチエアデールの成長はいまも止まることなく続いていますので、怯《ひる》むことなく自信を持って本番に臨みたいと思います。

1999年4月11日　阪神

第59回桜花賞（GⅠ）

フサイチエアデール

2着（2番人気）

1　プリモディーネ

2　フサイチエアデール

3　トゥザヴィクトリー

枠連　7－8　1180円

馬連　14－17　1940円

アドマイヤベガ　今年こそ皐月賞を！

4月3日の競馬は、なんと19年ぶりという、ストによる開催中止に陥ってしまいました。

僕個人としては、阪急杯に出走予定のブロードアピール（牝6歳）で、それなりに自信を持っていましたから、ピーク時にレースができなかったことは残念でした。

交渉は4月8日になって、ようやく妥結しました。とりあえずは、桜花賞に影響が出なくて、ホッと一息というところです。

さて、いよいよ一週間後（4月18日）に迫った牡馬クラシックの第1弾・皐月賞。

本番へ臨む精鋭馬たち18頭も出揃いました。今年も中山競馬場を舞台に、熱き戦い、名勝負が生み出されそうな予感がします。

'99年、僕がともに皐月賞を戦うパートナーは、ご存じアドマイヤベガ（牡4歳）。前走の弥生賞（3月7日）では、道中、若干かかったこともあって、2着に惜敗。ナリタトップロード（牡4歳）の後塵を拝したのですが、先行馬有利の流れの中を、最後方から直線鋭く追い込み、2着に食い込んだあたりは、

「さすがは、クラシック2冠牝馬ベガの子供！」

といったところ。結果がすべての競馬とはいえ、いま思えば、破格の内容だったと思います。


また、皐月賞を迎えるにあたって、中山競馬場でのレースも、アドマイヤベガにとっては今回が2戦目となります。調教も順調に消化し、コースにも慣れたことで、前走で少々かかってしまった悪い癖は修正できると思います。力のある馬ですから、チャンスは十分です。


本番が近づくにつれ、周りの雰囲気はもちろん、僕自身の気持ちも盛り上がってきたのを感じます。昨年に続き、今年も力のある馬に騎乗するわけですから、

「今年こそは！」

の気持ちで、本番に臨みたいと思います。


ただし、地味に思われがちな今年の皐月賞も、僕の印象では例年以上にハイレベルなメンバー構成。おそらく、当日は僕の馬が1番人気に支持されるかと思いますが、フルゲート18頭による多頭数の競馬や、前走の弥生賞でアドマイヤベガに土をつけたナリタ

トップロードが出走してくることを考えると、楽観はできません。

手応えを感じつつも、

「今年の皐月賞は、レベルの高い争いになるのでは？」

という気持ちが、正直なところですね。

特にこの時期の4歳馬は、どんなに強い馬でも、走ってみなければわからない部分を残しています。昨年を例に挙げるならば、僕が絶対的な信頼を置き、現在抜群の安定感を誇るスペシャルウィーク（牡5歳）でさえも、「多頭数の競馬」、「大外枠」、「荒れた馬場」など、未知の要素に脚もとをすくわれ、皐月賞では3着に敗退しました。

ただ、あの時は本当に自信を持って騎乗していましたので、セイウンスカイ（牡5歳）が1着でゴール板を駆け抜け、2着に入線したキングヘイロー（牡5歳）にも届かなかった時は、さすがに、

「えっ、なんで!?」

と思ってしまったんですけどね。次走のダービーを5馬身差の圧勝で飾ったことを考えると、牡馬クラシックの中で皐月賞が一番読みにくいレースというのも頷けるところです。

本番まで、残り1週間を切りました。

出走馬のそれぞれが、史上6頭目の3冠馬（過去5頭の3冠馬は、セントライト、シンザン、ミスターシービー、シンボリルドルフ、ナリタブライアン）を目指して、最終調整に入っています。

その道のりは決して楽なものではありませんが、僕自身、8大競走制覇という目標を達成したいま、より3冠馬ジョッキーに対する憧れが強くなったのも事実。ですから、3冠挑戦の資格を得るためにも、手強いライバルを退けて、この第一関門、ぜひ突破したいと思います。

1999年4月18日　中山

第59回皐月賞（GⅠ）

アドマイヤベガ

6着（1番人気）

1　テイエムオペラオー
2　オースミブライト
3　ナリタトップロード

枠連　6－6　7160円
馬連　11－12　6730円

エイシンキャメロン　重い斤量を苦にしない外国産馬

4月11日に阪神競馬場で行われた桜花賞は、残念ながら2着という結果に終わりました。過去10年間で四度優勝した、とても相性のよいこのレース。'98年のファレノプシス（牝5歳）に続き、連覇を目指したのですが……。

僕が騎乗したフサイチエアデール（牝4歳）は、好スタートを切って道中10番手を気持ちよく進み、3コーナーあたりから徐々に先行集団に取りつきました。直線残り150m、逃げきりを図る幸《みゆき》騎手騎乗のトゥザヴィクトリー（牝4歳）を捕らえ、先頭に躍り出ようとしたその瞬間、外から僕の馬よりもさらにすごい伸び脚で迫る影が……。結局、並ぶ間もなくかわされ、ゴールでは福永祐一騎手騎乗のプリモディーネ（牝4歳）に、1馬身半の着差をつけられてしまいました。

ただ、追い出しも位置取りも完璧。道中不利もなく、フサイチエアデールの力は出し切れたいいレースだったと思います。それだけに、今回は勝った馬が強かった、と潔く完敗を認めるしかありませんね。

ＧⅠ初制覇となった福永騎手ですが、レース後は本当にうれしそうでした。この勝利は'98年のダービー（6月7日）でキングヘイローに騎乗し、先頭を走りながら14着に終わった屈辱を乗り越えての栄冠。逃げ切りを狙った騎乗が失敗だったという周りの批判をバネにして摑んだ勝利でしたから、喜びもひとしおだったと思います。その強い精神力には、賛辞を贈りたいですね。この経験を生かし、今後も大きく羽ばたいていってほしいと思います。

さて、今週（4月24日・25日）から東京競馬場・京都競馬場へと舞台が移ります。僕の騎乗レースは、ＮＨＫマイルカップ（5月16日）と安田記念（6月13日）へ向けての前哨戦、ニュージーランドトロフィー4歳ステークス（芝１４００ｍ・東京競馬場）。おなじみ、エイシンキャメロン（牡4歳）とのコンビで出走予定です。

このレースで思い起こされるのは、何といってもシーキングザパール（牝6歳）。'98年の8月9日、日本調教馬としては初めて、海外のＧⅠ、それも本場フランスのＧⅠ「モーリス・ド・ギース賞」を制覇した世界的名牝です。

今思えば、世界で勝負できるだけの能力の片鱗を見せたレースが、'97年のこのレースでした。その時の強烈な印象はいまでも忘れられません。

シンザン記念、フラワーカップと重賞を連勝し、迎えたニュージーランドトロフィー4歳ステークス。このレースでは、道中最後方で脚をためていたシーキングザパールの末脚が、最後の直線で大爆発。前にいた17頭を並ぶ間もなくゴボウ抜き。ゴールでは2着に1馬身半の着差をつけていました。その後は、大目標のＮＨＫマイルカップも制し、5歳時には海外ＧＩも制覇するなど、華々しい成績を残しています。

騎乗予定のエイシンキャメロンですが、こちらもシーキングザパールにひけをとらない素質を秘めた実力馬です。前走のアーリントンカップ（2月28日／芝１６００ｍ）では、58kgもの酷量を背負いつつ、ゴール直前、進路を阻まれる不利をはねのけて、2着に入線。結果的には優勝馬の降着から、繰り上がりで優勝を手にする強運までも披露してくれました。

不利がなければ、おそらく圧勝していたレース内容だったので、降着で手に入れた勝利とはいえ、実力馬という僕の評価は変わりません。

エイシンキャメロンという馬は、みなさん御存知のとおり外国産馬です。そのため、状態がよくても限られたレースにしか使えません。また、実績もあることから、前走のように重い斤量を背負わされてしまいます。そこで今回は、早くから目標を馬齢重量戦のこのレース1本に絞って調教を続けてきました。
本番のNHKマイルカップに弾みをつけるためにも、ぜひとも勝利で飾りたいところです。

1999年4月25日　東京

第17回ニュージーランドトロフィー
4歳ステークス（GII）

エイシンキャメロン
7着（1番人気）

1　ザカリヤ
2　ジュエリーソード
3　タイキトレジャー

枠連	1－7	1810円
馬連	1－15	12300円

エイシンキャメロン　ぜひとも巻き返しを

5月2日、京都競馬場で行われた春の天皇賞。待ちに待った僕にとって'99年初のＧＩ勝利を、スペシャルウィーク（牡5歳）がプレゼントしてくれました。

春の天皇賞は、'97年にメジロマックイーンで優勝して以来、実に7年ぶり、通算5度目の制覇。やっぱり何回勝っても、ＧＩの勝利は特別なものです。特に春の天皇賞は３２００ｍの長距離で争われるため、馬と騎手、人馬一体の力がそのまま反映される、数あるＧＩの中でも本当に厳しいレース。そのレースに、'98年僕をダービージョッキーにしてくれたスペシャルウィークで勝てたことは、本当に嬉しいですね。

レース前、マスコミではメジロブライト（牡6歳）、セイウンスカイ（牡5歳）とともに3強と言われ、武豊のスペシャルウィークはどの馬をマークするのかと騒がれていたようですが、僕にとって、3頭の比較、位置取りはあまり意味がありませんでした。それよりも、何とかしてスペシャルウィークの実力を出し切りたい、という思いのほうが強かった。そうすれば、おのずと結果はついてくるはずだと。

今回の天皇賞、勝負どころの4コーナーで早めに先頭に立ったのも、スペシャルウィークの力を信じていたからこそ。僕が仕掛けたわけではなくて、馬の行く気に逆らわず、馬まかせで行ったまでです。後方には河内洋騎手騎乗のメジロブライトが迫っていましたが、今のスペシャルウィークなら強気の競馬をしても押し切れる、それほどたくましく成長していると、前走の阪神大賞典に乗ったときから感じていました。結果的に2着のメジロブライトに半馬身差をつけての勝利。横綱相撲で勝ちにいって制した、まさに百パーセント会心のレースでした。

4歳時のダービーと、今回の春の天皇賞の勝利によって、スペシャルウィークは現役最強馬となったわけですが、関係者の方々によると、今後は宝塚記念（7月11日／芝2200m・阪神競馬場）に出走を予定しているようです。

その後ですが、僕としては、

「スペシャルウィークで海外挑戦したい」

というのが本音です。このコラムでも書いてきたように、

「スペシャルウィークは、ナリタブライアン級の名馬になれる！」

という思いは、今でも変わっていません。むしろこの天皇賞の勝利によって、ますますその思いが強くなりました。ナリタブライアンでなしえなかった、日本最強馬による

海外挑戦をスペシャルウィークで実現できたら嬉しいですね。

さて、エイシンキャメロン（牡4歳）とのコンビで、5月16日に行われるGⅠ・NHKマイルカップ（芝1600m・東京競馬場）に出走を予定しています。

前走のニュージーランドトロフィー4歳ステークス（4月25日／芝1400m・東京競馬場）では、エイシンキャメロンの持つ実力をまったく発揮できないまま、レースが終わってしまいました。

当日はパドックから落ち着きがなく、いつもより激しくイレ込んでいました。スタート後の行きっぷりも悪く、終始、道悪の馬場を気にしながらの競馬でしたね。重馬場、初めての左回りなど、敗因についてはいろいろな理由が考えられます。しかし僕としては、エイシンキャメロンは能力的に、今でも4歳トップクラスの馬だと思っていますし、その力さえ発揮できれば、いいレースができるはずだと信じています。

幸い不本意なレースの後にもかかわらず、エイシンキャメロンは元気いっぱいで、調教も順調にこなしていると聞いています。手綱をとる僕のほうも、春の天皇賞に勝って気力、体力とも非常に充実しています。

エイシンキャメロンはこんなところで終わる馬ではありません。NHKマイルカップではぜひとも巻き返しを図り、春の天皇賞に続く、ＧＩ２連勝という最高の結果を残したいですね。

1999年5月16日　東京

第4回NHKマイルカップ（ＧＩ）

エイシンキャメロン

10着（1番人気）

1　シンボリインディ
2　ザカリヤ
3　レッドチリペッパー

枠連　3－4　640円
馬連　5－7　1560円

シーキングザパール　〝やんちゃ娘〟に期待！

4歳・古馬混合の短距離スペシャリストNo.1を決める、ＧＩ・高松宮記念（5月23日／芝１２００ｍ・中京競馬場）が開催されます。このレースに僕はシーキングザパール（牝6歳）で出走を予定しています。

シーキングザパールはデビュー戦から手綱をとっている馬ですが、最初の頃は本当に手を焼かされる〝やんちゃ娘〟でした。象徴的なレースがデビュー2戦目の新潟3歳ステークス（'96年9月1日／芝１２００ｍ・中山競馬場）。スタート直後に外ラチに向かって一直線、あわや落馬かというものすごい暴れっぷりでした。ところが、普通の馬ならばレースは終わったも同然のところを、結果は直線を猛然と追い込んで3着。

「やんちゃなところがあるけれども、すごい素質を秘めた馬だなあ」

と思ったのを覚えています。

徐々にレースを覚えさせ、彼女の天性のスピードが生かされるようになってからは、思った通りまさに破竹の勢い。ニュージーランドトロフィー4歳ステークス（'97年4月

20日／芝１４００ｍ・東京競馬場）では、前にいた17頭の馬を最後の直線だけでゴボウ抜きするという離れ業を演じ、次走のＧＩ・ＮＨＫマイルカップを含め、重賞4連勝の快挙を飾るまでに成長してくれたのです。

その後もレースを重ねましたが、何といっても彼女とのレースで一番印象に残っているのは、読者の皆さんも御存知の通り、フランスのＧＩ、モーリス・ド・ギース賞（'98年8月9日／芝１３００ｍ・ドーヴィル競馬場）を制覇したことです。快足ぶりを世界の競馬ファンにアピールできた最高の瞬間でした。

次走のムーラン・ド・ロンシャン賞（'98年9月6日／芝１６００ｍ・ロンシャン競馬場）は残念ながら5着に終わりましたが、海外の馬たちと互角に戦えたことは、大きな収穫だったと思っています。

帰国後、国内で2戦。今年の初めには、アメリカのサンタアニタ競馬場で行われた牝馬限定のＧＩレース、サンタモニカハンデキャップ競走（1月23日／ダート１４００ｍ）に挑戦して4着に入るなど、日本だけでなく、フランスやアメリカなど、世界を股にかけた彼女のタフな活躍ぶりには本当に頭が下がる思いです。

今回の高松宮記念、彼女にとっては、アメリカでのレース以来4ヵ月ぶりとなるわけですが、僕自身最高の騎乗で応えてあげたいですね。

アメリカから帰国後、疲れが出て、少し体調を崩したようですが、現在は心配していた馬体も回復して疲れも抜け、調教のほうも順調にこなしているようです。

調教師の森秀行先生からも、

「帰国後、ここまでじっくりと調整してきた。4ヵ月レースをしていないけど、仕上がりが早いタイプだし、心配はしていない。十分力は出せる状態にある」

と聞いています。

間隔があいたということに関しては、7ヵ月ぶりの実戦となったシルクロードステークス（'98年4月26日／芝１２００ｍ・京都競馬場）を快勝している実績があるので、僕も心配していません。むしろ、今年の国内初戦となるレースで、いったいどんな走りを見せてくれるのだろうかという期待のほうが大きい。

強いて気になることを挙げるならば、中京競馬場の馬場の狭さです。道中、力を温存して、最後の直線で末脚を爆発させるシーキングザパールにとっては、広い馬場のほうが合っている気がします。

あとは当日の天気と馬場状態。昨年の高松宮記念では、降り続く雨で悪化した馬場に末脚の切れを殺され、直線で伸び切れずに4着に終わっています。実績から重馬場は不得意なので、できることなら良馬場でレースをさせてあげたいですね。

今回きっちり勝って、短距離No.1の座を不動のものとし、もう一度彼女と海外ＧⅠ制覇へ……。夢は大きくふくらんでいます。

1999年5月23日　中京

第29回高松宮記念（GⅠ）

シーキングザパール

2着（1番人気）

1　マサラッキ

2　シーキングザパール

3　シンコウフォレスト

枠連　1－2　1580円

馬連　2－4　4360円

トゥザヴィクトリー　９００万条件馬だけど

桜花賞から始まった春のＧＩシリーズも、いよいよ後半戦に突入しようとしています。5月30日には、4歳牝馬の頂点を決めるレース、第60回オークスが東京競馬場の芝２４００ｍを舞台に開催されます。

そして、このオークスで僕のパートナーとなる馬は、トゥザヴィクトリー（牝4歳）です。

彼女とはデビュー2戦目の福寿草特別（1月10日）から主戦騎手としてコンビを組んできましたが、桜花賞を幸英明騎手で出走していることから、コンビ復活は、前々走のアネモネステークス（3月20日／芝１４００ｍ・阪神競馬場）以来となります。

アネモネステークスでは折り合いに苦労し、惜しくも3着に敗れましたが、大物感漂うその雰囲気に、サンデーサイレンス産駒らしい奥の深さを感じたことを思い出します。オークスでは、レースの流れ、展開云々より折り合いに専念して、なんとかその能力を引き出せるようなレース運びをしたいと思います。

ところで、ファンのみなさんが最も気になるトゥザヴィクトリーの状態をお伝えしましょう。所属厩舎の池江先生からは、

「オークスに向けての調教過程は順調そのもの」

と聞いています。

実際に僕が1週前追い切りで跨がった時も気合い十分で、6ハロンから併走馬を5馬身ほど後方から追走し、直線最後にはその馬を2馬身突き放す迫力ある動きを披露してくれました。時計も6ハロン77・4秒、ラスト3ハロン36・5秒の好時計をマーク。レースには桜花賞からぶっつけで臨むことになりますが、本当にいい状態をキープしているようです。

とはいえ、今回出走を予定している顔触れを見てみると、藤田伸二騎手騎乗の桜花賞馬・プリモディーネ（牝4歳）、岡部幸雄騎手騎乗の3歳チャンピオン・スティンガー（牝4歳）といった実力馬に加え、オークストライアル・スイートピーステークス（5月9日／芝１８００ｍ・東京競馬場）で出走権利を手にした新興勢力の台頭もあって、油断は禁物といったところ。

桜花賞で3着に入線し、その秘めた潜在能力の一端を覗かせてくれたとはいえ、そう

簡単には勝たせてもらえないでしょうね。それに彼女は、実際はいまだ重賞勝ちのない９００万クラスの馬です。明らかにチャレンジャーといった立場ですから、強豪馬たちに胸を借りるつもりで頑張りたいと思います。

また、この時期の4歳牝馬にとって２４００ｍという距離はあまりに過酷な条件です。桜花賞から一気に８００ｍもの距離延長は、ほとんどの馬にとって未知のものであり、どんな展開になるのか想像することも難しいレースなのです。

まして、4歳の牝馬は人間でいえば16歳か17歳の女子高生ぐらいの段階です。肉体的には成長していても、精神面ではまだ大人になりきれないアンバランスな時期ですから、何が起こるか本当に分かりません。

実際レースに乗っている僕の経験からもそうですが、調教師の先生、スタッフの方たちも口を揃えて、

「この時期の牝馬は本当に難しい」

といっています。

ただ、オークスは僕自身、過去三度（’93年ベガ、’95年ダンスパートナー、’96年エアグルーヴ）、勝っているとても相性のいいレース。それぞれの馬に思い出深いものがありますが、勝った3頭はいずれも、後に名牝と呼ばれた馬たちでした。そして、いま振り

返ってみれば、その時のレースは、乗る前から僕自身、相当自信を持って臨んだような気がします。

ですから、ゲン（縁起）を担ぐわけではありませんが、今回も自分自身の気持ちを高めて自信を持って臨み、その相性の良さも生かして、なんとかこの大舞台をものにしたいと思います。

1999年5月30日　東京

第60回オークス（GⅠ）

トゥザヴィクトリー
2着（1番人気）

1　ウメノファイバー
2　トゥザヴィクトリー
3　プリモディーネ

枠連　3－8　1830円
馬連　6－16　2840円

アドマイヤベガ　ダービー2連覇なるか

6月6日、待ちに待った競馬の祭典、第66回日本ダービーが、東京競馬場・芝2400mを舞台に開催されます。

競馬に携わるすべての人たちが憧れ、誰もが手にしたいと願うダービーの栄冠。僕にとっても子供のころからの夢だったダービーの勝利を、騎手生活11年目の'98年、スペシャルウィーク（牡5歳）がプレゼントしてくれました。

あれから1年。早いものです。今でも、勝った時の興奮やうれしさは、昨日のことのように鮮やかに思い出すことができます。

最後の直線を向いた時の抜群の手ごたえ、直線半ばで抜け出して「勝った」と思った瞬間ムチを落としてしまったこと、家に帰ってから飲んだお酒がおいしかったこと(笑)。すべて1年前のことなんですね……。

と、そんな感傷気分に浸る僕を、現実に引き戻してくれるのが、「日本競馬史上誰も成し遂げたことのないダービー2連覇」の名誉を得るという大目標。

ダービーを2回勝った騎手は、小島貞博騎手（’92年ミホノブルボン、’95年タヤスツヨシ）、小島太調教師（’78年サクラショウリ、’88年サクラチヨノオー）ら、過去10人いますが、連覇した騎手は1人もいないのです。当然ですが、今回その権利を持つのは僕だけ。このチャンス、なんとかものにしたいですね。

　そして今回、4歳馬の頂点を目指し、ともにたたかう僕のパートナーは、アドマイヤベガ（牡4歳）です。

　前走の皐月賞は直線伸びず、6着に終わっていますが、万全の状態で精一杯の力を出し切って敗れたわけではないので、決して悲観はしていません。勝ち馬につけられた3馬身半の着差も、逆転できないものではないので、ダービーでの巻き返しは十分可能だと思います。

　ダービーは、中山競馬場から、馬場が広くて直線の長い東京競馬場に替わります。瞬発力が持ち味の馬なので、このことは彼にとって大きなプラス材料になります。

　また、デビュー戦から彼の手綱をとっている僕自身、アドマイヤベガの秘めたる素質は、まだ底を見せていないのでは？　と感じていることも、もう一つのプラス材料。アドマイヤベガには、まだ成長過程にある、という期待感がいっぱいです。

また、アドマイヤベガのお母さんは、'93年に僕が騎乗して桜花賞、オークスの牝馬クラシック2冠を制した名牝ベガ。お父さんは、スペシャルウィークをはじめ、日本競馬界に数々のＧＩホースを送り出しているサンデーサイレンスという、日本競馬界が世界に誇る名血の持ち主。

騎乗している僕でさえいまだ計り知れない能力と、素晴らしい血統的背景を持つアドマイヤベガは、あっさりダービーを勝っても不思議ではない馬だと思っています。

さて、読者の皆さんも気になるアドマイヤベガの状態ですが、橋田先生によると、「皐月賞の時に減っていた馬体重も回復し、順調に調教を消化しています」とのこと。

'98年から'99年にかけて、〝ダービーを狙える逸材〟といわれていた馬たちが、ここにたどり着くまでに、故障、その他の事情により何頭もリタイアしています。

毎年1万頭近くのサラブレッドたちがこの世に生を享《う》けますが、実際にダービーのスタートゲートにたどり着ける馬は、わずか18頭という、ほんの一握りの馬たち。そのレースに、アドマイヤベガが無事出走できるという幸運には本当に感謝しています。

それもこれも、橋田先生をはじめ、スタッフの方々が一丸となって、アドマイヤベガを大切に仕上げてくれたおかげだと思っています。

あとは、レースでアドマイヤベガの能力をすべて引き出すことが僕の役目。それができたら、おのずと結果はついてくる……それだけの能力はある馬です。
昨年味わった勝利の美酒、今年はどんな味がするのか、ぜひ味わってみたいですね。

1999年6月6日　東京
第66回日本ダービー（GⅠ）
アドマイヤベガ
1着（2番人気）

1　アドマイヤベガ
2　ナリタトップロード
3　テイエムオペラオー

枠連　1－6　610円
馬連　2－11　820円

シーキングザパール　春のGⅠ2勝目を！

5月30日に東京競馬場で行われたオークス（芝２４００ｍ）。僕が騎乗したトゥザヴィクトリー（牝4歳）は、写真判定の末、ハナ差、わずか８cmだけ及ばず、惜しくも２着に終わりました。

熱発の影響もあって、前走の桜花賞では、最後の伸びを欠いて3着でした。しかし、その後は順調に調教を消化し、デビュー以来、最高の状態でこのレースを迎えることができたのですが……。

レースでは抜群のスタートから、内枠を生かして、馬場の内側4番手を追走。折り合いの難しい馬なので、大観衆が目の前になるスタンド前からのスタートは気になっていたのですが、前にいた馬を壁にして、何とか折り合うことができました。それでも、道中やや掛かってしまったところもあったのですが、全体的にスムーズにレースを運ぶことができたと思います。

最後の直線を向いてからの手ごたえも十分。難関の府中の坂を駆け上がり、他馬より

2〜3馬身抜け出して先頭に立ったときは正直、

「やった！」

と思ったのです。

ゴール前、外から蛯名正義騎手騎乗のウメノファイバー（牝4歳）が、鋭い脚で迫ってくるのが見えていたので、懸命に手綱をしごき、ゴールを目指しましたが、ウメノファイバーに差し切られてしまいました。

今回、負けはしましたが、僕自身にとっては会心の騎乗で、彼女の持ち味を出し切れたいい競馬ができたと思っています。桜花賞に続き、彼女の強さは存分にアピールできたのではないでしょうか。勝った馬にあんなすごい脚を使われては仕方がありません。この借りは、4歳牝馬の3冠レース最後の秋華賞で返したいと思います。

さて、春のＧＩシリーズも、残すところあと二つ。

シーキングザパール（牝6歳）とともに出走する安田記念（6月13日／芝１６００ｍ・東京競馬場）と、宝塚記念（7月11日／芝２２００ｍ・阪神競馬場）のみとなりました。

シーキングザパールにとって、4ヵ月ぶりの出走となった前走の高松宮記念は、惜しくも、マサラッキ（牡7歳）の豪脚に屈し2着でしたが、見どころのある好レースを披露してくれました。

道中、先頭から離れた6番手につけて、前半3ハロン32秒6という超ハイペースをものともせずに楽々追走。折り合いもついていて、直線もいい感じで伸びていました。久々にしてはよく走っていたし、馬の力は出し切れた、次につながるレース内容でした。

ところで、その時の高松宮記念を含め、僕の’99年のGⅠは本当に2着が多いですね。オークスまでのGⅠ7戦の内、1勝（春の天皇賞・スペシャルウィーク）、2着4回という成績は、連対率7割を超えます。ただ、ジョッキーにとって競馬は、〝勝ってナンボ〟の世界。いい競馬をしたとはいえ、負けは負けです。今回の安田記念でなんとか1着をモノにし、2着続きのレースにピリオドを打ちたいところですね。

幸い、今回コンビを組むシーキングザパールは、順調に調教をこなし、状態は良好とのこと。ただ、心配なのは当日の天気と距離。

どしゃぶりのなかで行われた’98年の安田記念では、末脚の切れを生かせず、まったく競馬をさせてもらえませんでした。それでも、底力のある馬なので、’98年のような大雨にならない限り、少々の悪馬場は克服できると思いますが、できることなら良馬場でレースをさせてあげたいですね。

距離に関しては、折り合いの難しい馬なので、ちょっとだけ長いかなという感じ。ただ、１６００ｍのＧＩレース（ＮＨＫマイルカップ）を勝った実績もありますし、折り合いについての不安も、前走である程度解消できています。

高松宮記念と比べ、条件は厳しくなりますが、なんとか勝利をモノにしたいですね。

1999年6月13日　東京

第49回安田記念（GⅠ）

シーキングザパール

3着（3番人気）

1　エアジハード
2　グラスワンダー
3　シーキングザパール

枠連　5－7　320円
馬連　7－12　650円

ダービー連覇！　アドマイヤベガとスペシャルウィークの対決は⁉

母親は、僕が乗って桜花賞とオークスの2冠に輝いたベガ。父親は現代最高の種牡馬・サンデーサイレンス。アドマイヤベガがデビューする前から、僕はこの馬でダービー連覇を果たしたい、そんな思いを確かに抱いていました。でも、まさか本当にその通りになるとは……。

6月6日に東京競馬場で行われた競馬の祭典「日本ダービー」。アドマイヤベガは、見事に第66代ダービー馬の栄冠を勝ち取ることができました。僕にとっても、今回は史上初のダービー連覇という大きな勲章です。

これも、ひとえに橋田先生（調教師）をはじめ、スタッフの方々の尽力の結果だったと思います。アドマイヤベガは皐月賞前に体調を崩し、6着に惨敗しました。それをベストの状態に立て直すには、口ではいい表せないほどの苦労があったことと思います。

また、これまで応援し続けていただいたファンの皆さんにも、感謝の気持ちでいっぱいです。この場を借りて、お礼を言わせてください。本当にありがとうございました。

ダービー前の1週間、文字通り、朝から晩までダービーのことを考えていました。普段、僕はＧＩレースでもゲンをかついだりすることはほとんどありません。でも、ダービーに限っては、昨年初めて勝てたということもあり、1年前とあえて同じ1週間を過ごしてみたりもしました。

たとえば、去年と同じように高松宮記念杯競輪の車券を買ってみたり、報道陣との接触は極力避けたり、などなど。とにかく、すべてをダービーのために集中させようと思っていました。

正直なところ不安材料もありました。前述のように、皐月賞前に熱発で体調不良になっていたアドマイヤベガは、ダービー前の調教でも、とにかく調子のいいころに戻すということが最優先で、昨年のスペシャルウィークの時のように、ビシビシと追ってレースに臨むわけではありません。「本来の体調に戻りさえすれば、一番強いのは絶対に僕の馬」と信じながらも、やはり迷いもありました。

ですが、ダービー前日のこと。僕は、中京競馬場でアドマイヤカイザーという馬に騎乗して勝ちました。この馬は、アドマイヤベガと同じ橋田厩舎の馬で、馬主さんもまったく一緒（近藤利一氏）。その日、馬主さんとの間でこんなやりとりがあったのです。

「明日は内枠（2番）だけど、大丈夫かな？」

「任せてください。ただ……ダービーは、思い切った乗り方をしてもいいですか」

「ああ、すべて君に任せる」

この一言で、僕の気持ちは決まりました。中途半端な競馬だけはすまい。アドマイヤベガの実力を信じ、勝ちにいく思い切った競馬をしてみようと腹を括《くく》ったのです。


ダービーのスタートのとき、考えていたことは、とにかく馬を落ち着かせること。ファンファーレが鳴り響いて大歓声が上がったあと、ゲートインを嫌がる馬が何頭かいました。ですがこちらは、他の馬がどんな状態なのかということに構うことなく、ただ、出遅れだけはしないよう、神経を集中させていました。

その結果、出走18頭のうち、アドマイヤベガは真先にゲートを飛び出すことに成功しました。ここで、僕は手綱を絞り、「予定通り」後方に下げる作戦を取ったのです。

かつて、「ダービーポジション」（スタート後、1コーナーで先頭から10番手以内にいなければダービーは勝てない）という言葉がありました。しかし僕個人の考えですが、最近のダービーにはこの言葉は当てはまらなくなってきているようです。30頭近くが出走した昔のレースならともかく、フルゲートで18頭の現在のダービーでは、以前のように好位を狙って、馬群がゴチャつくようなことはほとんどありません。また、僕の10年間の経験上、強い馬であれば、どんな位置にいたとしても、勝つことができると考えていたのです。

アドマイヤベガが位置したのは後ろから数えて4番目。ですが、まったく焦りはありませんでした。はっきりいって、むしろ自信を持ってそのポジションを走っていたといっても過言ではありません。

ペースも「それほど速い流れにならない」という予想通り。前にいたライバルの2頭、ナリタトップロード（渡辺薫彦騎手）と、皐月賞馬・テイエムオペラオー（和田竜二騎手）の位置を見ながら、余裕をもってレースを進めることができました。加えて、なんの不利もなし。直線では、「この手応えなら絶対に届く」と自分に言い聞かせ、慌てず騒がず、じっくりと追い出しました。

だからといってはなんですが、ナリタトップロードをかわすのがゴール寸前だったことは、やや意外でした。あの手応えなら、もっと早くかわせると思っていたんですが、やはり、この馬と3着になったテイエムオペラオーは、相当に手強い相手だったんだな、と思います。

'98年のスペシャルウィークはぶっちぎりでしたが、そういう意味では'99年は最後まで必死でした。終わったときは、ホッとしたというのが正直なところです。

さて、読者の皆さんは、こうなると、僕の騎乗する2頭のダービー馬、アドマイヤベガとスペシャルウィークを比べたら、どちらが「強い」のか？　と興味を抱かれることと思います。

スペシャルウィークはぶっちぎり、アドマイヤベガは僅差の勝利。だからといって〝先輩〟のほうが強い、なんてことにはなりません。相手関係も展開もあるし、タイム的にいえば、今年のほうが速い時計（ダービーレコードのタイ記録）です。

それでも、あえて2頭を比較すると、性格が素直で、乗りやすいという点でいえばアドマイヤベガでしょうか。

もっとも、アドマイヤベガはお母さんもよく知っているということで、その思い入れの分だけ、僕がそう感じるのかもしれませんけれど。

ただ、ダービーに向けての「自信」という点では、今年よりも昨年のスペシャルウィークの時のほうが大きかったように思います。スペシャルウィークは、ダービーに至る過程の順調さでは、まさに申し分ありませんでしたから。

この2頭の直接対決を楽しみにしてくださるファンの方もいるかもしれません。ただし、少なくとも今年は、スペシャルウィークとアドマイヤベガが同じレースに出走することはなさそうです。

　というのも、アドマイヤベガは、秋は菊花賞を大目標に出走スケジュールが組まれるそうです。おそらく、天皇賞やジャパンカップが目標になるであろう、スペシャルウィークとは違う路線を進むことになります。

　しかし、あくまで個人的な願望ですが、やはりアドマイヤベガで海外挑戦したいという気持ちもあります。橋田先生は海外志向が強い方なので、もしかすると、夢は叶うかもしれません。

　ダービー2連覇を達成したいま、僕の次の目標は、もちろんダービー3連覇。実は、アドマイヤベガの全弟（父も母も同じ馬）が、3歳でデビューを待っています。来年はこの弟で、再び6月の東京競馬場のターフを沸かせたいと思っています。

スペシャルウィーク　敵はグラスワンダー

4月11日の桜花賞からスタートした春のGⅠシリーズも今週がいよいよラストレース。春のグランプリ・第40回宝塚記念（7月11日／芝2200m）が、阪神競馬場を舞台に行われます。

パートナーはもちろん、天皇賞（春）優勝馬・スペシャルウィーク（牡5歳）です。

毎年、宝塚記念の出走馬はファン投票と主催者の推薦によって決定されますが、今回騎乗するスペシャルウィークは、ファン投票で13万票以上もの支持を集め、堂々第1位に選ばれました。投票していただいたファンの皆様には、この場を借りてお礼を述べさせていただきます。本当にありがとうございました。

その期待に応えるためにも、彼にとって三つめのGⅠタイトルとなる宝塚記念の勝利を、ぜひとも手にしたいと思っています。

スペシャルウィークの強さは今さらいうまでもありませんが、今年に入ってからは、GⅠを含め、負けなしの重賞3連勝。特に圧巻だったのは、現役最強馬の称号をかけて争われた前走、春の天皇賞（5月2日／芝3200m／京都競馬場）です。

4コーナーで早々と、前を走る横山典弘騎手騎乗の皐月賞、菊花賞を制した2冠馬・セイウンスカイ（牡5歳）をかわして先頭に立ったスペシャルウィーク。最後の直線では、河内洋騎手騎乗のディフェンディングチャンピオン・メジロブライト（牡6歳）らの末脚も封じ込み、そのまま押し切って優勝。着差は半馬身とはいえ、内容としてはまさに横綱相撲の圧倒的な勝利を飾ったのでした。


現在のスペシャルウィークの状態に関してですが、この原稿を書いている時点で、僕はまだ調教には跨がっていません。しかし、調教師の白井透先生によると、

「前走後すぐにカイバ食いも戻ったし、疲れもそれほどなかった。ここまで順調に調教を消化してきているし、状態はすこぶる良い」

とのこと。天皇賞から2ヵ月の間隔が空きましたが、調整過程は良好だと聞き、優勝への期待はますます高まるばかりです。


さて、今回の宝塚記念は、スポーツ新聞紙上などでは、グラスワンダー（牡5歳）との〝一騎打ち〟というムードが高まっているようです。僕は常々、1頭実力が抜けた馬で勝つよりも、強い相手と戦って勝つことこそ、騎手冥利に尽きる競馬の醍醐味だと思

っているので、今回のレースはとても気合が入っています。ライバルが1頭いて、この馬を倒せば何とかなるというレースは、乗り役にとってもやりやすいものです。グラスワンダーに騎乗する的場均騎手も、そう思っているのではないでしょうか。

ただ、他にも調子を上げている馬たちも出走してくるので、決して油断はできません。そのあたりも十分意識しつつ、スペシャルウィーク本来の競馬ができるよう、落ち着いたレース運びを心掛けたいと思います。

何といってもスペシャルウィークは、4歳、古馬、それぞれの最高峰レースであるダービー、天皇賞（春）を勝っている馬。現役最強馬にふさわしい競馬をお見せするつもりです。

ところで先日、スペシャルウィークの宝塚記念後のローテーションが関係者より発表されました。それによると、秋は、天皇賞（秋）→ジャパンカップ→有馬記念という古馬の王道を歩ませ、今年いっぱいで引退。シンジケートも組まれ、来春から種牡馬生活に入るとのことでした。

このコラムでも何度か書いていたように、スペシャルウィークで海外挑戦することを熱望していた僕としては、とても残念な発表です。でも気持ちを切り替えて、この後に出走するＧＩを「全勝」するつもりで戦っていきたいと思います。

まずは宝塚記念に全力投球し、秋に向けて弾みをつけたいところ。春のＧＩシリーズ最終戦、有終の美で飾りたいですね。

1999年7月11日　阪神

第40回宝塚記念（GⅠ）

スペシャルウィーク

2着（1番人気）

1　グラスワンダー
2　スペシャルウィーク
3　ステイゴールド

枠連　5－7　180円
馬連　5－9　200円

スノーエンデバー　渡仏前に地方行脚

中央競馬唯一のダートGⅠ・フェブラリーステークスを勝った岩手所属のメイセイオペラ（牡6歳）、ダイオライト記念を圧勝した船橋所属のアブクマポーロ（牡6歳）らの活躍で、地方競馬がますます注目を集めています。そんな中、7月20日に地方・中央交流競走、GⅢ・佐賀記念（ダート2000m／佐賀競馬場）と、GⅢ・マーキュリーカップ（ダート2000m／水沢競馬場）の二つの重賞レースが行われました。

僕は佐賀記念に、森秀行厩舎所属の中央馬スノーエンデバー（牡6歳）とのコンビで臨み、2着の安藤光騎手騎乗の笠松所属ハカタビッグワン（牡5歳）に6馬身の大差をつけて優勝を飾りました。

内容的にも、2周目の2コーナーでスパートして先頭に立つと、ゴールまでそのまま、他馬を力でねじふせる横綱相撲でした。勝ちタイムの2分7秒7（良）は、従来のコースレコードを2秒3も短縮するというおまけつき。本当に強い内容を披露してくれました。

今回の遠征を含め、過去に地方競馬で11戦しているスノーエンデバーにとって、この勝利は地方通算5勝目。重賞制覇は、群馬記念（GⅢ／ダート１５００ｍ／高崎競馬場）に続き二つ目となります。

スノーエンデバーの調教師の森先生は、地方競馬への遠征や海外遠征など、中央開催の競馬に限らず、レーススケジュールの都合さえつけばどこであろうと足を運ぶという、視野の広い積極的な考えの持ち主です。僕も予定が空いていれば、佐賀でもアメリカでも、騎乗する馬を求めてどこへでも出かけていきますので、森先生の考えには大賛成です。中央、地方を問わず、海外を含めて、「レースに勝つ」というシンプルな目標は調教師も騎手も変わりませんからね。

現在は全国各地で、川崎記念（ダート２１００ｍ／川崎競馬場）、帝王賞（ダート２０００ｍ／大井競馬場）など、地方・中央交流競走が盛んに行われています。今回はたまたま、2レースとも中央所属の馬が勝ちましたが、冒頭に挙げたメイセイオペラやアブクマポーロなど、相当な実力を持った馬も、地方には多く控えています。

今後も強い馬たちが続々と名乗りを挙げ、中央馬としのぎを削ることになると思いますが、地方・中央の垣根を越えて、競馬界がさらなる盛り上がりを見せるのは大歓迎です。騎手として精いっぱいの騎乗をし、ファンのみなさんの期待に応えたいですね。

ところで、現在は年間何度も足を運ぶ地方競馬ですが、僕の地方競馬初騎乗は、11年前の’88年3月15日。場所は姫路競馬場でした。初戦は9頭立ての8着に終わりましたが、2戦目のメインレース、中央競馬騎手招待競走では、グレートベンという馬を操り、優勝を飾ることができました。

当日は両親が応援に駆けつけ、僕自身の19歳の誕生日だったということもあって、とても気合が入っていたのを思い出します。

それからは毎年のように地方競馬に騎乗し、地方・中央交流元年といわれる’95年以降は、一気に騎乗依頼が増えました。昨年も旭川、水沢を始め、17もの地方競馬場で騎乗しています。

何千、何万キロも飛行機で移動する海外遠征に比べ、地方競馬は、中央での早朝の調教や追い切りが終わった後に移動しても十分騎乗可能です。ですから、お声がかかれば日本全国どこへでも乗りに行きたいと思っています。プロのジョッキーは馬に乗るのが仕事ですし、それを評価していただいて騎乗依頼されるのであれば、どんどん行って各地の名騎手らと腕を競い、自分自身の腕も磨くべきだと考えています。これからもチャンスがあれば積極的に地方でも騎乗したいですね。

地方で騎乗することによって、一人でも多くのファンが競馬場へ足を運び、競馬の楽しさを感じてくれたら本当に嬉しいです。

1999年7月20日　佐賀
第27回佐賀記念（GIII）
スノーエンデバー
1着（1番人気）

1　スノーエンデバー
2　ハカタビッグワン
3　メイショウモトナリ
枠連　6－7　700円
馬連　8－10　790円

シーキングザパール　思い出の海外遠征

僕のこれまでの海外遠征についてお話ししたいと思います。

僕が初めて海外遠征に出たのは、デビュー3年目の’89年夏のことでした。遠征先は、子供のころから憧れていたアメリカのシカゴ・アーリントン競馬場。初戦は敗れたものの、2戦目のアローワン・ステークスではグランマジーという馬に騎乗し、待望の海外初勝利を飾りました。

それからというもの、毎年自費でこの競馬場を訪れては、朝の調教に顔を出し、騎乗馬を得る、といったことを繰り返しました。その結果、’94年にはアーリントン最大のレース、アーリントン・ミリオン（GⅠ／芝2000m）で、前年の勝ち馬スターオブコジーンにまで騎乗することができたのです（結果は12着）。

まだ坊主頭だった競馬学校時代、休み時間に雑誌やビデオを見ながら、憧れのアメリカ競馬に思いを馳せ、名手C・マッキャロン騎手らと大レースで叩き合いを演じる自分を想像していましたが、まさかそれが現実のことになるなんて……と舞い上がっていた、当時の自分を思い出します。

そのほかにも、日本人騎手初のアメリカ重賞勝利となった、エルセニョールでのセネカハンデキャップ競馬（GⅢ）、スキーキャプテンのケンタッキーダービー（GⅠ）挑戦、シーキングザパールのサンタモニカ・ハンデキャップ競走（GⅠ）出走など、憧れの地、アメリカでは多くの勲章を得ることができました。

現在遠征中のフランス・ドーヴィル競馬場には、’90年に初めて訪れ、初勝利を挙げました。’98年はそのドーヴィル競馬場で行われたモーリス・ド・ギース賞にシーキングザパールとのコンビで出走して優勝を飾り、日本調教馬による初の海外GⅠ制覇という快挙を成し遂げることができました。

20代のときは、なにもかもすべて勉強でした。世界ではまったく無名だった騎手が、10年かけてやっと世界と勝負できるところまできた、いまはそんな気持ちです。

初めて海外に行ったときは、何を持っていっていいのかすら分からなかったのです。たとえば、鞍ひとつにしても、それぞれ規定があって、フランスは平均が50kgちょっとだから、これくらいのを三つくらいでいいかなとか、アメリカは軽いから、もっと小さいのじゃなきゃダメだなとか。それぞれの国によって全部違いますからね。いまはもう慣れたので、出発の2時間前に準備すれば十分間に合いますが、最初は自分が持っている鞍を全部持っていっていました（笑）。

以前は、外国の騎手というだけでみんなうまく見えたものですが、何度か海外に足を運び、キャッシュ・アスムッセン騎手やオリビエ・ペリエ騎手ら、当代一流の騎手たちとしのぎを削り、その中で勝利を重ねるうちに、

「自分がこの人たちの中に入っていっても、やれる！」

という手応えを感じるようになりました。

ですから、これから先いつになるか分かりませんが、理想としてはアメリカに1年、フランスに1年という形で、海外にじっくり腰を据えて騎乗してみたいというのが僕の中にあります。

ただ、僕自身、日本の競馬も好きですし、いまは本当にいい馬に乗せていただいていますので、海外競馬本格参戦について考えると、う〜んと黙り込んでしまうのが現実かもしれません。

しかし僕自身、サッカーの中田選手のように、海外で素晴らしい活躍をしている人たちに、大きな刺激を受けているのも事実です。何年後かに、日本から遠征してきた馬に騎乗し、凱旋門賞やケンタッキーダービーに出走したり、日本のＧＩレースに乗るため

に日本に帰ってきたりと、そうできていたら最高ですね。

ダイワミシガン　楽しみな3歳馬

'98年の桜花賞、秋華賞を勝った2冠馬・ファレノプシス（牝5歳）とのコンビで臨んだGⅡ・札幌記念（8月22日／芝2000m／札幌競馬場）は惜しくも2着に終わりました。

札幌記念は秋のGⅠシリーズに向けてのステップとして、重要な位置付けにあるレースです。過去の優勝馬のエアグルーヴ（'97年、'98年）やマーベラスサンデー（'96年）は、いずれも勝ったその年の秋のGⅠレースでは良い成績を残しています。馬に負担がかからない涼しい札幌で行われるレースであること、秋のGⅠまで十分な調整間隔がとれること、などが好成績につながっているのではないでしょうか。

今秋のエリザベス女王杯（芝2200m／京都競馬場）を最大目標に置くファレノプシスとしては、ぜひとも勝って弾みをつけたかったレース。札幌記念を昨年まで3連覇している僕自身の相性のよさも生かして、なんとか優勝をモノにしたいと思っていたのです。

ファレノプシスの’99年に入ってからのレースを振り返ると、マイラーズカップ10着、京王杯スプリングカップ５着、そして鳴尾記念は熱発で出走回避と、海外遠征の声まで上がっていた’98年の活躍ぶりがうそのような不振が続いていました。

ところが、鳴尾記念を回避した後、すぐに目標を札幌記念に定め現地に早々と入厩。予想外の札幌の猛暑にまいっている馬たちを尻目に、彼女は順調に調教を消化していました。最終追い切りで僕が乗ったときの感触も、まさに今年一番といえる出来。浜田先生を始めとしたスタッフの方々による懸命の立て直しが功を奏し、レース本番を迎えたパドックでのファレノプシスは最高の状態でした。

レースではポツンと離れた最後方を、中団に控えた横山典弘騎手騎乗のセイウンスカイ（牡５歳）を前に見ながら追走。小回りで平坦なコースの札幌競馬場は追い込みは不利と承知していながらも、

「今日の彼女ならいける！」

と読んで、冷静にレース運びをしていました。

最後の直線を向くと、思った通りの鋭い末脚を繰り出し、先頭のセイウンスカイを猛然と追い詰めましたが、あと半馬身に迫ったところがゴール。手綱から伝わる手応えから、最後はかわせるかなとも思いましたが、さすがは、’98年の皐月賞、菊花賞とクラシ

ック2冠を制した実力馬。完全な力負けでした。

ただ、結果は2着でしたが、秋の大目標のエリザベス女王杯につながるいい競馬をすることはできたと思っています。本番ではまだまだ強い馬たちが控えていますが、この勢いを生かして、彼女にとっての三つ目のＧＩの勲章をぜひともプレゼントしてあげたいですね。


さて、土曜日の札幌競馬場で行われる3歳オープン特別のコスモス賞（芝１８００ｍ）に、外国産馬のダイワミシガン（牡3歳）とのコンビで出走を予定しています。

彼は、父があのグラスワンダー（牡5歳）と同じシルヴァーホーク産駒という、かなりの素質を秘めた馬。デビュー戦となった新馬戦（8月8日／芝１８００ｍ／札幌）は、見事好タイムで勝ち上がりました。目標は朝日杯3歳ステークスということで、いったいどんなレースを見せてくれるのか、今からとても楽しみにしています。

そして翌日は小倉競馬場に移動し、小倉3歳ステークス（芝１２００ｍ）に騎乗予定です。騎乗馬はまだ決まっていませんが、いずれにせよ有力馬に騎乗できるということで、こちらのほうも非常に楽しみにしています。

夏競馬も間もなく終わりを告げ、舞台を中山、阪神へと移し、秋のＧＩシリーズへのステップレースが続々と始まります。今夏は海外での騎乗などで大好きな小倉、札幌ではあまり騎乗できませんでしたが、そのぶん今週の騎乗では、ファンのみなさんの期待に応えられるよう、精一杯頑張りたいと思います。

1999年9月4日　札幌

コスモス賞（3歳オープン特別）

ダイワミシガン

5着（1番人気）

1　チアズグレイス
2　キムタツオフェンス
3　トップコマンダー

枠連　2－3　3800円
馬連　2－3　3800円

1999年9月5日　小倉

第19回小倉3歳ステークス（GIII）

メガキセキ

4着（5番人気）

1　アルーリングアクト
2　ピサノガルボ
3　マンボノリズム

枠連　8－8　1290円
馬連　12－13　1280円

エガオヲミセテ　エアグルーヴ受胎の朗報を得て

先日、フランスから帰国した僕のもとに嬉しいニュースが舞い込みました。'98年の有馬記念を最後に引退し、北海道のノーザンファームで繁殖生活に入っていたエアグルーヴが、サンデーサイレンスの子供を受胎したというのです。初年度はサンデーサイレンスと種付けするという話は聞いていたのですが、無事に受胎したことを聞いてホッとしました。

エアグルーヴとは、3歳時からコンビを組んで、4歳時（'96年）にはオークス優勝。5歳時（'97年）の秋の天皇賞では、牝馬としては17年ぶりとなる「盾制覇」を果たすなど、その名牝ぶりはいまでも強く僕の心に残っています。

6歳時（'98年）、札幌記念は連覇したものの、過去のレースによる激戦の疲れから体調を崩し、ついに三つ目のＧＩを手にすることなく引退しました。並みいる強豪牡馬を押しのけ、牝馬ながら現役最強馬と呼ばれ、海外遠征の声まで挙がっていた馬だけに、本当に残念な引退でした。

現役当時のエアグルーヴとのレースで一番印象に残っているのは、何と言っても前年（'96年）の優勝馬、岡部幸雄騎手騎乗のバブルガムフェローとの一騎打ちを制した秋の天皇賞です。現役最強馬の称号を確実なものとした、僕にとっても会心のレースでした。

今回受胎した子供は、まだ牡馬か牝馬かわかりません。でも、何と言ってもスペシャルウィーク（牡5歳）とアドマイヤベガ（牡4歳）らダービー馬3頭をはじめ、多くのGI馬を輩出したNo.1種牡馬、サンデーサイレンスとの子供。史上最強馬が生まれる可能性もあり、産駒に対する期待は高まるばかりです。

競馬界には昔から、「名牝の子供は走らない」という〝ジンクス〟のようなものがありました。しかし、それを過去の遺物へと追いやったのが、オークス馬・ダイナカールの娘、エアグルーヴの活躍でした。生産、育成、調教方法など、あらゆる面が発達を遂げた現在では、もはやそのジンクスは当てはまらなくなっているのかもしれません。

また、もし来年出産予定の子供が牝馬ならば、史上初となる母子孫3代オークス馬となる可能性もあります。牡馬では、メジロアサマ、メジロティターン、メジロマックイーンによる天皇賞の3代制覇がありますが、生涯一度しか出走できないクラシックレースの3代制覇は初めて。

まだ騎乗できるのかどうかすらわからない状態ですが、できることならエアグルーヴができなかったジャパンカップ制覇や海外遠征の夢を僕の手で果たしてあげられたら最高ですね。まだまだ先の話ですが、とにかく今は無事に子供が生まれることをファンのみなさんと共に願い、２００２年のデビューを楽しみにしていようと思います。

さて、阪神競馬場で行われる朝日チャレンジカップ（GⅢ／芝２０００m）には、エガオヲミセテ（牝5歳）との出走を予定しています。

朝日チャレンジカップは僕自身、過去4回優勝しているレース。この経験と相性の良さを生かして、何とか勝利をプレゼントしてあげたいと思っています。

前走のマーメイドステークス（GⅢ／芝２０００m／阪神競馬場）では、高橋亮騎手が騎乗し3着。後方から最後の直線で猛然と追い込み、優勝馬とはわずか2馬身差ほどの接戦でした。前2走不振が続いていただけに、復活の兆しを感じさせるレース内容だったと思います。

彼女とコンビを組むのは、約2年前の新馬戦以来になりますが、'98年のオークスや秋華賞などでは、僕が主戦として騎乗していたファレノプシス（牝5歳）のライバルとして出走してきて、何度かヒヤリとさせられた馬。その強さ、実力はわかっているので、再コンビを組むのは本当に楽しみですね。
夏も終わり、そろそろ秋のGⅠの足音が聞こえてくる頃。一つ一つ勝利を積み重ね、気分を盛り上げていきたいと思っています。

1999年9月12日　阪神
第50回朝日チャレンジカップ（GⅢ）
エガオヲミセテ
5着（4番人気）

1　ツルマルツヨシ
2　メイショウオウドウ
3　ニシノダイオー

枠連　1－4　1030円
馬連　1－4　1010円

ラスカルスズカ　兄はあの伝説の名馬

9月19日には東西で二つの重賞レース、神戸新聞杯（GⅡ／芝２０００ｍ／阪神競馬場）と、オールカマー（GⅡ／芝２２００ｍ／中山競馬場）が行われます。それぞれ菊花賞、秋の天皇賞といった秋のGⅠシリーズへ向けてのステップレースであり、ここでよい結果を出すことがそのまま本番へとつながっていく、とても重要な位置づけにあるレースです。

僕が参戦を予定しているのは菊花賞トライアル・神戸新聞杯。このレースで3着以内に入れば、菊花賞への優先出走権が与えられます。

同日開催のオールカマーとの兼ね合いもあり、未だ優勝する機会に巡り合えませんが、今回、神戸新聞杯初勝利を目指しコンビを組むのは、ラスカルスズカ（牡4歳、橋田厩舎、父コマンダーインチーフ）。'98年の秋の天皇賞で悲運の死を遂げた、あのサイレンススズカの半弟です。

デビューしたのが、アドマイヤベガのダービー制覇の余韻冷めやらぬ6月26日と遅かったため、皐月賞、ダービーなど、春の大舞台への出走は叶いませんでした。

　ところが函館競馬場で行われた、レース経験馬が相手の未勝利戦（芝１８００ｍ）でデビューすると、なんと2着に5馬身差をつける圧勝劇を演じ、サイレンススズカの弟ということもあって一躍注目を集めました。レース内容も途中で他馬にハナをたたかれる苦しい展開をものともせず、最後の直線ではグングン伸びて引き離す一方。途中、ハロン棒にモノ見をしたり、周りの馬を気にしたりしてフラフラ走りながらの勝利は、デビュー戦としては破格のものでした。

　兄弟が活躍し、能力がありながらも、それをうまくレースで発揮できずにリタイアしていった馬たちを何頭も見てきていましたので、まず1回レースを走ってみないことには……と思っていたのですが、想像以上の強さを披露してくれました。

　そして、順調に2戦目も勝利を挙げ、連勝で迎えた前走の日高特別（芝２０００ｍ／札幌競馬場）。

　離れた好位の3番手を進み、３コーナーを過ぎたあたりから徐々にスパートを開始。直線半ば、先頭に躍り出ようとしたところを、今度は外から別の馬が襲いかかるという厳しい展開になりました。ところが、馬体を併せ本格的にＧＯサインを出すと、類稀《たぐいまれ》な勝負根性を発揮し、絶対に抜かせないといわんばかりの気迫で圧倒。クビ差を保ったまま、1着でゴールになだれ込んだのです。

自分から動いていって前をとらえ、それでいて後ろから来た馬の追撃もしのぐとは、本当にこれが3戦目の実戦なのかと思うほどのレース巧者ぶり。普通の馬なら簡単に抜かれてもおかしくない展開でしたので、秘めた能力は相当のものだと感じました。

ただ、過去の3戦は一線級の馬は出走しておらず、頭数も少なかったので、メンバーも強化され、厳しい展開が予想される今回のレースが、ラスカルスズカにとって本当の試金石になりそうです。ここでも強い競馬ができたならば、その実力はまさにホンモノと言えるでしょう。

ラスカルスズカのデビュー戦の後、僕は、

「ダービー馬・アドマイヤベガにとって、菊花賞でライバルになるのは同じ橋田厩舎のラスカルスズカかも」

と思ったものです。それが現実のことになるとしたら……。2頭の主戦騎手である僕は、体が二つ欲しいという嬉しい悩みを抱えることになるかもしれませんね。

まずは、この神戸新聞杯でアドマイヤベガへの挑戦権を手にし、また菊花賞でも主役の一頭として名乗りを挙げられるような競馬ができればと思っています。レース経験は少ないですが、3連勝している上がり馬の勢いをうまく生かし、兄のサイレンススズカが成し遂げられなかったクラシック制覇に向けて、ぜひとも手応えを摑んでおきたいと思います。

1999年9月19日　阪神

第47回神戸新聞杯（GII）

ラスカルスズカ

3着（2番人気）

1　オースミブライト

2　フロンタルアタック

3　ラスカルスズカ

枠連　3－7　470円

馬連　3－10　500円

ダイワミシガン「秋」初めの豪華日程

今週の中央競馬は、三つも重賞が行われる豪華な日程です。札幌3歳ステークス（GⅢ／芝１８００ｍ／札幌競馬場）、セントライト記念（GⅡ／芝２２００ｍ／中山競馬場）、ローズステークス（GⅡ／芝２０００ｍ／阪神競馬場）と、どのレースも人気馬が続々登場します。僕が騎乗を予定しているのは、9月25日の札幌3歳S・ダイワミシガン（牡3歳）と、26日のローズS・トゥザヴィクトリー（牝4歳）です。

まず土曜日の札幌3歳Sに関して。パートナーのダイワミシガンは、父が最近の売り出し種牡馬シルヴァーホークという、大物感漂う外国産の良血馬です。

札幌でのデビュー戦を、直線軽く仕掛けただけで、2着に0秒5差をつける圧勝で飾り、一躍評判になりました。その鮮やかな勝ちっぷりから、1番人気に推された前走のコスモス賞（9月4日／芝１８００ｍ）は、スタートもよく道中の手応えも抜群。手綱を取る僕自身も、デビュー戦のような圧勝を期待していたほどでした。

ところが、勝負どころの3、4コーナーで思いもよらぬ失速で、結果はなんと5着。

道中なんの不利もなくスムーズにレース運びができていたので、はっきりした敗因はいまだにわかっていません。

しかし、この時期の3歳馬というのは本当に当てにならないもので、僕が今でも最強の馬だと信じているあのナリタブライアンですら、3歳の今ごろの時期は好不調の波が激しかったものです。4歳時に3冠を制したときのあの爆発力がうそのような惨敗を喫したりもしていましたから、結果についてはそれほど落胆はしていません。

ダイワミシガンはこの先どんな馬に成長していくのかわかりませんが、間違いなく素質はある馬ですし、デビュー戦のような競馬ができれば、今回の札幌3歳Sでは十分チャンスがあると思っています。'99年の大目標は暮れの朝日杯3歳ステークス（GⅠ／芝1600m）になると思いますが、まずは今回すっきり勝って、前走の名誉挽回といきたいですね。

そして今回はもう一つ、トゥザヴィクトリーで臨むローズS。彼女にとっては今回が秋緒戦のレースになります。いい形で本番の秋華賞を迎えるために、ぜひともよい結果を出したいところです。

春は「熱発」や本賞金不足などで不本意なローテーションを組まざるをえず、レースでは少なからずその影響がありました。GⅠでも、桜花賞3着、オークス2着と、あと一歩のところで勝利を逃しています。特に前走のオークスでは、ゴール直前まで先頭に立っていて、最後の最後に蛯名正義騎手騎乗のウメノファイバー（牝4歳）にハナ差だけ差し切られるという惜しい内容。その時の悔しさを晴らすためにも、最後の1冠・秋華賞の優勝だけは、誰にも譲れないところですね。

彼女は、まさにこの秋期待の1頭ですが、現在の状況は、すこぶる順調です。オークス後すぐに放牧に出され、春の激戦の疲れを、生まれ故郷の北海道ノーザンファームで癒して十分英気を養い、春に比べてまた一段とパワーアップしているとのこと。

池江調教師も、
「オークス後から次走はここと決めていたので、予定通りに調教を消化できている」
と、おっしゃっていましたので、夏を越してどれだけ成長しているのかを確かめるのが、本当に楽しみですね。

近年、僕はエアグルーヴやファレノプシスといった名牝に巡り合う機会が多いのですが、トゥザヴィクトリーも間違いなくそんな素質を秘めている馬。僕にとっても、今年、来年と牝馬に関しては、この馬が中心のローテーションを組んでいくことになるだろうと期待していますので、ここで足踏みしているわけにはいかないというのが本音です。

まずは今回のレース、1ヵ月後に迫るGIを最高の形で迎えさせてあげるためにも、気を引き締めて臨みたいですね。

1999年9月25日　札幌

第34回札幌3歳ステークス（GIII）

ダイワミシガン

10着（2番人気）

1　マイネルコンドル
2　ジョウテンブレーヴ
3　エンゼルカロ

枠連　3－6　5480円
馬連　3－9　28450円

1999年9月26日　阪神

第17回ローズステークス（GII）

トゥザヴィクトリー

4着（1番人気）

1　ヒシピナクル
2　フサイチエアデール
3　ブゼンキャンドル

枠連　6－7　240円
馬連　7－10　1560円

アグネスワールド　フランスＧＩに出走

名馬サイレンススズカを兄に持つ、ラスカルスズカ（牡4歳）の重賞レース初挑戦ということで、多くの人々の注目を浴びて行われた9月19日の神戸新聞杯（芝２０００ｍ／阪神競馬場）。兄譲りの〝逃げ〟で見せ場を作るも、残念ながら直線力尽きて惜しくも3着に敗れました。

ラスカルはデビュー以来無傷で3連勝し、勢いはありましたが、本来ならば９００万条件のレースを勝ったばかりの準オープン馬。今回は格上挑戦で臨み、皐月賞2着馬のオースミブライト（牡4歳）らの実力馬を相手にどこまで戦えるのかを探るのが目的です。菊花賞の優先出走権も得ることができましたし、十分力は出し切れたと思っています。わずか3戦という少ないキャリアながら、重賞初挑戦でこれだけの競馬ができたことに、改めて彼の素質の高さを感じました。

この後は11月7日の菊花賞（芝３０００ｍ／京都競馬場）へ直行するようですが、血統的背景、折り合いがつくことからも今後がますます楽しみになりましたね。

さて、もうすぐ僕は、フランスのロンシャン競馬場へと飛び立ちます。

今回の遠征を共にするパートナーは森秀行厩舎所属のアグネスワールド（牡５歳）。出走レースは、フランスのＧＩ「アベイユ・ド・ロンシャン賞」（10月３日／直線芝１０００ｍ）です。

デビュー当時から大物感を漂わせ、いつかは海外遠征をと期待していた馬でしたので、念願叶い競馬の本場フランスでいったいどんな走りを見せてくれるのか、今から期待に胸がふくらみます。

アグネスワールドは現在、イギリス・ニューマーケット（ロンドンの北東約１００㎞に位置する、競馬場、調教施設、種馬所などが集まる、世界最大の「競馬の町」）のロバート・アームストロング厩舎に預けられ、本番に向けての調教を行っており、順調な仕上がりを見せています。

森先生のお話によると、レースの３日前までここで調整し、その後、現地入りして本番に備えるとのこと。このパターンは、昨年の夏に日本調教馬初の海外ＧＩ制覇を果たした同厩舎の先輩、シーキングザパールの時と同じもので、優勝に向けての準備は万全といったところですね。

「アベイユ・ド・ロンシャン賞」は、ロンシャン競馬場の4コーナーから2コーナーに向かって、競馬場を斜めに突っ切るように内馬場を走る直線レース。ヨーロッパの芝は日本と比べてとても深く、単純なスピードだけでなく、それに対応できるパワーと瞬発力も要求されますが、前走、小倉日経オープン（芝１２００ｍ）での馬場の悪さをものともしない走り、前々走、北九州短距離Ｓ（芝１２００ｍ）での日本レコード更新のレースぶりからも十分対応できると思っています。

約1年の休養明け後、不調が続きましたが、ここにきて現在2連勝中と波に乗っています。なんとか’98年のシーキングザパールに続きたいところですね。

ところで、「アベイユ・ド・ロンシャン賞」当日は、世界最高峰のレース「凱旋門賞」も行われます。このレースには、読者のみなさんもご存知のエルコンドルパサー（牡5歳）が、蛯名正義騎手を背に出走します。前哨戦のフォワ賞を勝った後、順調にここまできていると関係者の方から聞いていますので、同期で親交のある蛯名騎手とエルコンドルパサーのレースぶりも、楽しみなところです。

’98年はシーキングザパールとタイキシャトルが、史上初の日本馬による2週連続海外ＧＩ制覇を成し遂げました。でも今度は、2頭の日本馬が「同日」海外ＧＩ制覇を果たす可能性もあるのです。

アグネスワールドとエルコンドルパサーの2頭で日本の競馬を世界にアピールし、蛯名騎手らとフランス・ロンシャンでお互いの勝利を祝うことができたら、素晴らしいことですね。

1999年10月3日　フランス・ロンシャン

アベイユ・ド・ロンシャン賞（GⅠ）

アグネスワールド　1着

1　アグネスワールド
2　インペリアルビューティー
3　ケオス

スペシャルウィーク　春の雪辱を目指す！

中央競馬は東京、京都へと舞台を移し、それぞれで、伝統のGⅡ・毎日王冠（10日／芝１８００ｍ）と、京都大賞典（10日／芝２４００ｍ）が行われます。

毎年この時期のレースには、夏の放牧で春の激戦の疲れをいやし、一段とパワーアップして出走してくるGⅠ戦線の常連馬や、夏競馬で好成績を残し、勢いに乗っている上がり馬が出揃います。そのため、本番さながらの白熱したレースが繰り広げられるので、間もなく始まるGⅠシリーズに向けて、まさに胸が高鳴るといった感じですね。

今回、僕が出走を予定しているのは京都大賞典。パートナーは、'98年、僕にダービージョッキーの栄光をもたらしてくれた、お馴染みのスペシャルウィーク（牡5歳）です。

好位で競馬ができるし、展開に注文がつかない安定したレースぶりを誇る彼ですが、その類稀《たぐいまれ》な競馬センスはデビュー前から感じ取ることができました。

また少し、思い出話をさせていただきますが、初めて僕がスペシャルウィークの背に跨《また》ったのは’97年の11月。2週間後に控える阪神競馬場でのデビュー戦に向けて行われた栗東トレセンでの追い切りの時でした。

　白井先生の指示のもと、僕はスペシャルウィークを、スタートから1マイル、びっしりと追いました。すると、通常、新馬勝ちできる目安のタイムはマイル１０８秒と言われていますが、スペシャルウィークはそれを大幅に上回る、１０４秒7という破格の時計を叩き出したのです。乗った雰囲気も、前年のダービーでフサイチコンコルドにクビ差で敗れた、同じサンデーサイレンス産駒のダンスインザダークにソックリ。

　今度こそ、ダービーの栄冠を勝ち取りたい、と強い意欲をかきたてられました。

　その後は期待通り、ダービー、春の天皇賞などのビッグレースも制覇。いまでは、名実ともに日本を代表する馬へと成長してくれたのです。

　ところが、ご存知のように前走の宝塚記念では、的場均騎手騎乗のグラスワンダー（牡5歳）に完敗。残念ながらダービー、春の天皇賞に続く、三つ目のＧＩ制覇はいまだ成し遂げられていません。

　しかし、レース後すぐに北海道・早来にあるノーザンファームに放牧に出され、いまは心身ともにリフレッシュしたようです。すでに目標を切り替え、8月に栗東に帰厩すると、スペシャルウィークはこのレースに照準を合わせ調教を重ねてきました。

現在の状態について、白井先生も、

「絶好調だったダービーを勝ったころの出来に近付きつつある。（5歳秋を迎えたが）まだまだ馬体も成長しているし、期待している」

とおっしゃっているので、非常に楽しみにしています。

ただ、9月29日の一週前追い切りで、併走馬から3馬身遅れてしまったとのこと。まだ少し、闘志が戻っていないのかもしれませんが、彼なら、きっとレースまでには仕上がってくれると信じています。

春のＧＩ戦線終了後の発表通り、彼がこの秋出走するレースは、京都大賞典↓秋の天皇賞↓ジャパンカップ↓有馬記念の4戦となります。いわゆる〝古馬の王道〟を突き進むことになりそうです。いまだかつて、この〝王道〟レースをすべて制した馬はいませんが、スペシャルウィークには、それに挑戦する資格も、能力も充分あるはずだと思っています。

スペシャルウィークは今シーズン終了後には種牡馬入りが決定していますので、一戦一戦悔いの残らないレースをしていきたいですね。

札幌記念で優勝し、その強さを再認識したセイウンスカイ（牡5歳）や、同じ日に東京の毎日王冠に出走するグラスワンダー。彼らとのＧⅠでの再戦を万全の状態で迎えるためにも、今回は負けられないレースになりそうです。
京都大賞典は、僕にとっての初重賞制覇となった、'87年のトウカイローマンや、メジロマックイーンなどで、過去6勝している相性のよいレースです。目標のＧⅠ3連勝へ向けて、秋緒戦で大きなはずみをつけたいと思います。

1999年10月10日　京都
第34回京都大賞典（GⅡ）
スペシャルウィーク
7着（1番人気）

1　ツルマルツヨシ
2　メジロブライト
3　テイエムオペラオー

枠連　4－6　2590円
馬連　4－6　2580円

アドマイヤベガ　2冠目指して始動

10月3日の「アベイユ・ド・ロンシャン賞」（フランスＧⅠ／直線芝１０００ｍ）で、アグネスワールド（牡5歳）が見事優勝——世界を相手にそのスピードを見せつけました。

彼にとっては初めてとなる海外遠征でしたが、アグネスワールド自身の類稀《たぐいまれ》な精神力と、森先生をはじめとする海外経験豊富なスタッフの方々の尽力により、レース当日を最高の状態で迎えることができたのでした。唯一心配だったのは、初めて背負う62kgの斤量。出来は最高だけに、それだけが不安だったのですが……。

ところがレースではそんなことはまったく気にならず、折り合いもついて、ゴール前、インから抜け出したＰ・エデリー騎手騎乗のインペリアルビューティ（牝4歳）に一度はかわされましたが、驚異的な勝負根性を発揮し1着で入線。昨年のシーキングザパール（モーリス・ド・ギース賞）に続く、2年連続の海外ＧⅠ制覇の栄光を摑むことができました。

帰国後は、11月27日のＣＢＣ賞（ＧⅡ／芝１２００ｍ／小倉競馬場）をステップに、暮れのスプリンターズステークス（ＧⅠ／芝１２００ｍ／中山競馬場）を目指して調整されるとのことですが、海外ＧⅠを制したその快速ぶりを、日本のファンのみなさんの前でも披露したいと思っています。

ところで、「アベイユ・ド・ロンシャン賞」のあとに行われた、世界最高峰のレース「凱旋門賞」（芝２４００ｍ）には、同期で親交のある蛯名正義騎手騎乗のエルコンドルパサー（牡5歳）が出走しました。結果は惜しくも半馬身差の2着。レース前、ジョッキールームで蛯名騎手と、

「勝てればいいな」

と話をしていましたので、まるで自分のことのように悔しかったですね。しかし、2着とはいえ、内容的には本当にすばらしい感動的なレースで、〝来られるもんなら来てみろ〟といった横綱相撲の気迫溢れる騎乗ぶりは最高でした。

日本人スタッフによるヨーロッパでの半年にも及ぶ長期滞在競馬。残念ながら凱旋門賞は2着でしたが、これまでに成し遂げた偉業は決して色あせることはありません。過去に誰もやったことのない勇気ある挑戦を続けてきたスタッフのみなさんに、敬意を表したいと思います。

さて、中央競馬は秋のＧⅠシリーズ前哨戦真っ盛り。菊花賞トライアル最終戦・京都新聞杯（ＧⅡ／芝２２００ｍ／京都競馬場）が行われます。みなさんお待ちかねのダービー馬・アドマイヤベガ（牡４歳）がいよいよ始動します。

京都新聞杯は過去に、’87年のレオテンザン、’96年のダンスインザダーク、そして’98年のスペシャルウィークで３勝していますが、レース前の気持ちとしては’98年のスペシャルウィークの時に近い感じですね。勝利はもちろんのこと、ダービー馬として秋緒戦をどんな内容で飾るのかということが求められる重要なレースになりそうです。

気になるアドマイヤベガの状態ですが、橋田先生は、

「レースに向けての調教は順調。ひ弱いところがあった春先に比べて、ひと夏越して一段とたくましくなった」

と、おっしゃっていましたので、非常に期待しています。

ただ、心配なのはダービー後約４ヵ月の休養明けのレースだということ。あのナリタブライアンですら秋緒戦の京都新聞杯では、夏の上がり馬、スターマンに足下《あしもと》をすくわれ、２着にとりこぼしていますからね。

また今回のレースにはダービーの時、ゴール前最後の最後まで競り合ったライバル・

ナリタトップロード（牡4歳）ら、多くの実力馬たちも出走を予定しているようですので、気を引き締め臨みたいと思います。
今秋の最大目標である菊花賞を良い状態で迎えるためにも、ぜひとも優勝して弾みをつけたいですね。

1999年10月17日　京都

第47回京都新聞杯（GII）

アドマイヤベガ

1着（2番人気）

1　アドマイヤベガ
2　ナリタトップロード
3　メジロロンザン

枠連　4－6　250円
馬連　8－11　410円

トゥザヴィクトリー　〝二度目の正直〟なるか!?

春の天皇賞馬・スペシャルウィーク（牡5歳）が秋緒戦に選んだレースだった、GⅡ・京都大賞典（10月10日／芝２４００ｍ）。

この後、秋の天皇賞→ジャパンカップ→有馬記念、という〝古馬の王道〟を歩む彼が、いったいどんなレースを見せてくれるのか？　僕自身期待して臨んだレースでしたが、結果はなんと掲示板にも載らない7着敗退。着外に敗れたのは、スペシャルウィークにとって初めての経験です。

休み明けとはいえ、併走馬に3馬身の後れを取った1週前追い切りと比べ、レース直前の調教では動きもだいぶ良くなり、前哨戦としては合格点といえる仕上がりで向かったレースでした。正直、この着順は僕もショックです。

レースでは好スタートから好位の3番手をキープ。多少掛かるそぶりを見せながらも、レース自体に不利はなく、絶好の展開で最後の直線を迎えました。これまでのスペシャルウィークなら、ここから爆発的な末脚で他馬を置き去りにし、グングン突き抜けていくはず……。

ところが、懸命に手綱をしごき、GOサインを送るものの、まったく伸びる気配はなし。逆に優勝したツルマルツヨシ（牡5歳）ら後続馬の波にズルズルのみ込まれ、まさに惨敗。デビュー以来、彼とコンビを組んできましたが、こんなに手応えがなかったのは初めてのことです。

敗因はよく分からない、というのが今の僕の正直な感想です。天皇賞に弾みをつけたいところでしたが、結果的に不安を残すレース内容になってしまいました。

しかし、ダービー、春の天皇賞の2冠を制したスペシャルウィークの実力はこんなものでないことは、僕が一番よく分かっています。一度レースを使ったことで、次には確実に状態も上向いてくるはず。本番までの期間でうまく立て直しを図り、強いスペシャルウィークの復活といきたいですね。引退までの残り3戦、全力投球で臨みます。

さて、競馬ファンのみなさんにとっては、この話題こそお待ちかねでしょう。いよいよ秋のGⅠシリーズが開幕します。

第1弾となる今週は、4歳牝馬限定の3冠レース最終戦・秋華賞（芝2000m）が、京都競馬場で行われます。パートナーはオークス2着の実力馬・トゥザヴィクトリー（牝4歳）です。

前走のローズS（9月26日／芝２０００ｍ）では、直線で失速し、まさかの4着。4コーナーまでの手応えは抜群で、追い出しを待つ余裕があったほどでしたが、最後はバッタリ止まってしまいました。

馬体も春当時に比べるとすごく良くなっていましたし、調教過程も順調だったのです。が、レース前半のスローペースにやや折り合いを欠いて引っ掛かった分、最後の伸びに影響したのかもしれません。

夏場を順調に過ごし、馬体はひと回り成長。調教の動きも軽快で、ひ弱だった春に比べて一段とたくましさを増して迎えた前走でしたが、残念なことにオークス同様、ゴール前の詰めの甘さを露呈してしまいました。

そのため、レース後から池江先生をはじめとしたスタッフの方々がいろいろな調教方法を試し、ゴール前、気を抜いてしまう彼女の弱点改善に努めています。幸い前走から十分な調教期間がありましたので、本番では心身ともに充実した状態でレースを迎えることができそうです。

前走でプラス12kgだった馬体も、これまでの調教過程でかなり絞れてきているとのこと。間違いなく能力は一級品ですので、秋華賞ではぜひとも巻き返したいですね。

桜花賞3着、オークス2着と、春はあと一歩のところで栄冠を逃し、悔しい思いをしましたが、最後の1冠・秋華賞だけは確実にモノにしたいところです。〝三度目の正直〟、今度こそトゥザヴィクトリーの素質が花開く瞬間をお見せし、秋のGIシリーズの緒戦は、最高のスタートを切りたいと思います。

1999年10月24日　京都
第4回秋華賞（GI）
トゥザヴィクトリー
13着（1番人気）

1　ブゼンキャンドル
2　クロックワーク
3　ヒシピナクル

枠連　6－8　8810円
馬連　12－16　94630円

スペシャルウィーク　いよいよ天皇賞・秋

10月17日、京都競馬場で行われた菊花賞トライアル・京都新聞杯（芝２２００ｍ）は、ダービー馬・アドマイヤベガ（牡4歳）が貫禄を見せつけて見事に優勝。ダービー2着馬・ナリタトップロード（牡4歳）、神戸新聞杯優勝馬・オースミブライト（牡4歳）らの強豪馬を退け、本番の菊花賞に向けて大きく弾みをつけることができました。レースはスローペースでしたが、道中は無理なく後方4番手で折り合いに専念し、3、4コーナーで大外を回りながら徐々に進出。先に抜け出した渡辺薫彦騎手騎乗のナリタトップロードを並ぶ間もなくかわし、トップでゴールを駆け抜けました。

上がり3ハロン34秒6の末脚は出走メンバー中最速で、直線だけで14頭をごぼう抜き。これには僕もびっくりしました。ダービーのときも話しましたが、やっぱりベガの瞬発力はケタ違いですね。春先はどこかひ弱な印象が拭えませんでしたが、充実した夏を過ごし、馬自体がものすごくたくましくなっていて、精神的にもひと回り大人になった感じです。

あのナリタブライアンですら敗れた秋緒戦（'94年京都新聞杯でスターマンの2着）のレース。強い馬とはわかっていても、何が起こるかわからないのが競馬の難しさです。まして今秋は僕自身、トゥザヴィクトリー（牝4歳）、スペシャルウィーク（牡5歳）という実力馬に騎乗しながら休養明けの緒戦を落とし、そのことを痛いほど思い知らされていました。今回こそは絶対に結果を出したいと思っていたので、とにかく無事勝つことができてホッとしました。

ベガの次走、11月7日の菊花賞は3000mの長丁場です。今まで以上に馬と騎手との呼吸が大切になってきますが、今回のようなスローな流れにもしっかり折り合いがついていたので、不安はありません。「上がり」だけの競馬だったので、レース後の疲れもそれほどなく、本番は万全の状態で臨めそうです。

この勝利で、ダービーに続くクラシック2冠目にいよいよ王手がかかったと思います。ファンのみなさんの期待に、最高の騎乗で応えたいですね。

さて今度は、GIシリーズの第2弾・秋の天皇賞（芝2000m／東京競馬場）が行われます。パートナーは、スペシャルウィークです。

今回のレースには、'98年、皐月賞・菊花賞の2冠馬に輝き、前走は札幌記念を快勝したセイウンスカイ（牡5歳）、安田記念で怪物・グラスワンダーを破ったエアジハード（牡5歳）ら、同世代の実力馬が多数出走してきます。かなり白熱した、好レースが繰り広げられるのではないでしょうか。

スペシャルウィークの前走、京都大賞典（10月10日／芝２４００ｍ）はよもやの7着惨敗。レースではまったくいいところなく、最後の直線で馬群にのみ込まれてしまいました。

彼のこれまでの最低着順は、4歳時の皐月賞とジャパンカップの3着。相手なりに、いかなるコンディションでも力を発揮してきた馬なので、デビュー以来初めてとなる、掲示板にも載らない負けには、はっきりいっていまだに首をかしげるばかりです。

ただ今回の舞台は、'98年ぶっちぎりで勝ったダービーと同じ東京競馬場。最後の直線で後続を突き放した時の、シビレるような手応えは今でも忘れられません。相性の良い府中の直線で、あの豪脚を再び爆発させてほしいですね。

幸い、前走後の状態に関して白井寿昭先生も、

「前走は前走として、調教は順調に消化している。それに一度レースを使ったことで状態のほうも確実に上向いているから期待している」

とおっしゃっていますので、スペシャルウィーク本来の力を出せれば、勝つチャンス

は十分にあるはずです。
天皇賞後、ジャパンカップ、有馬記念で引退するスペシャルウィークとのコンビも残り3戦。悔いのないレースをしたいと思っています。

1999年10月31日　東京
第120回天皇賞（秋）（GⅠ）
スペシャルウィーク
1着（4番人気）

1　スペシャルウィーク
2　ステイゴールド
3　エアジハード

枠連　3－5　5620円
馬連　6－9　15770円

アドマイヤベガ　菊花賞の前日も注目

4歳クラシック最終戦となる菊花賞（芝3000m／京都競馬場）が行われます。コンビを組むのはダービー馬・アドマイヤベガ（牡4歳）です。

前走の京都新聞杯は、4ヵ月の休養明け緒戦のレースでしたが、ダービー馬にふさわしい見事な勝ちっぷり。ナリタトップロード（牡4歳）、オースミブライト（牡4歳）らのライバルを降《くだ》し、菊花賞に向けて大きな弾みをつけることができました。

春の皐月賞の時は、体調が万全な状態になく、6着に敗れました。ダービーの時も優勝したとはいえ、状態がものすごく良かったというわけではありません。それにもかかわらず、ダービーであれほどの強い勝ち方ができたので、史上初のダービー連覇の興奮冷めやらぬ中、
「いったいこの馬はどこまで強くなるんやろう……」

とワクワクさせられたことを覚えています。

はたして僕の期待通り、いや期待以上に、ひと夏越してターフに戻ってきたベガは、

目をみはるほどたくましくなっていました。細かったカイバ食いの問題も解消され、ハードな調教も苦もなくこなせるようになりました。その甲斐あってか、前走も危なげなく勝利を収めることができたのです。レース後は疲れもそれほどなく、ひと叩きしたことで間違いなく体調も上向いていますし、本番は万全の状態で臨めそうです。

橋田先生も、

「良い感じでトライアルを勝てたし、レース後も元気いっぱいだ。菊花賞は間違いなく最高の状態で送り出せるよ」

とおっしゃっています。それに応えるためにも、キッチリと結果を出したいですね。

菊花賞の距離は、出走馬のほとんどが未経験となる３０００ｍの長距離戦。よくいわれる、枠順に関しての有利不利もなく、「まぎれ」の少ない、本当に実力のある馬でなければ勝てない厳しいレースです。

近年は、道中比較的落ち着いたスローな流れになりやすく、最後の直線での瞬発力がものをいう、いわゆる〝上がりの競馬〟になる傾向にあります。でも、瞬発力勝負のレースは、4歳トップクラスの切れ味を持つベガにとっては、もってこいの展開。出走予定のメンバーを見渡しても、今年もそれほど速いペースにはならないと予想していますので、ますます勝利への期待が高まります。

京都大賞典で古馬相手に3着と健闘したテイエムオペラオー（牡4歳）、さらにはナリタトップロードの巻き返し、夏に実力をつけてきた新興勢力の台頭など、勝利への道のりは決して容易なものではありません。しかし、ベガの能力を信じて、二つ目の勲章獲得に向けて、気を引き締めて臨みたいと思っています。

さて、もう一つ、菊花賞前日に行われる3歳牝馬の限定戦、ファンタジーステークス（芝１４００ｍ／京都競馬場）に、外国産馬・ノボエンジェル（牝3歳）が出走します。

彼女は夏の新潟での新馬戦（菊沢隆徳騎手騎乗）を、驚異的な3歳レコードで圧勝し、鮮烈なデビューを飾りました。そのレースはビデオで観戦したのですが、6ハロン（１２００ｍ）を、1分9秒4で通過しています。これは、同じ日に行われた５００万下条件の１２００ｍ戦の勝ちタイムと同一という、驚くべき速さ。それでも4コーナーでは、馬なりのままだったのです。さすがにゴール前では息が上がったものの、

「ものすごい馬が現れた！」

と当時から注目していました。2戦目のりんどう賞（芝１４００ｍ）で初めて手綱を取りましたが、その天性のスピードはまさに圧倒的。前半ムキになって走った分、ゴール前で脚色《あしいろ》が鈍り、結果は残念ながら2着でしたが、能力は非常に高く、スピードがあ

り過ぎるほどある馬です。

道中うまく息を入れさせ、そのスピードを生かす競馬ができれば、今回だけでなく将来も本当に楽しみです。

まずはこのファンタジーステークスを勝って勢いをつけ、気分良く翌日の菊花賞に臨み、ぜひとも2冠制覇を達成したいと思っています。

1999年11月6日　京都

第4回ファンタジーステークス（GIII）

ノボエンジェル

4着（2番人気）

1　テネシーガール
2　グロウリボン
3　エンゼルカロ

枠連　1－5　5470円
馬連　2－10　17520円

1999年11月7日　京都

第60回菊花賞（GＩ）

アドマイヤベガ

6着（1番人気）

1　ナリタトップロード
2　テイエムオペラオー
3　ラスカルスズカ

枠連　1－3　730円
馬連　1－4　780円

ファレノプシス　最強牝馬の激突だ！

10月31日、東京競馬場で行われた秋の天皇賞は、僕の愛馬・スペシャルウィーク（牡5歳）が、1分58秒0のレコードタイムで優勝。'88年のタマモクロス以来、史上2頭目の天皇賞春秋連覇を達成しました。

前走の京都大賞典7着後、

「本来の実力はこんなものではない」

と強調しましたが、原因不明の惨敗、追い切りで格下馬に差し返された内容から、正直、中2週と短い期間で、変わり身を見せるのは厳しいのでは、と思っていました。

ところが、レースでは折り合いもきっちりついて、道中の手応えも抜群。4コーナーでGOサインを出した時は、前走のこともあり、

「届くのか……？」

と半信半疑だったのですが、同じ舞台で行われた昨年のダービーを思い出したかのような豪脚が爆発。あっという間に先頭に迫り、粘るステイゴールド（牡6歳）を、クビ

差かわしたところが栄光のゴールでした。

　最後まであきらめずに努力してきた白井先生らスタッフと、それに応えたスペシャルウィークの強靭な精神力には、本当に頭が下がる思いです。

　次走は今秋の大目標・ジャパンカップです。エルコンドルパサー（牡５歳）を破った凱旋門賞馬・モンジュー（牡４歳）ら、屈強な外国馬が出走してくるようですが、凱旋門賞に行けなかった悔しさを、ぜひともここで晴らしたいと思っています。

　それにしても、ゴール前、最後の驚異的なひと伸び、あれはもしかしたら、天国のサイレンススズカが後押ししてくれたのかもしれません。天皇賞というレース当日の朝、真っ先に彼の顔が浮かびましたから……。


　さて、４歳、古馬トップクラスの牝馬たちがぶつかり合う、〝熱き女の戦い〟エリザベス女王杯（京都競馬場／芝２２００ｍ）が行われます。コンビを組むのは、２冠馬・ファレノプシス（牝５歳）です。

　かつては４歳牝馬限定で行われていたレースでしたが、’96年から古馬にも門戸が開かれ、今回で４年目。過去３年は、いずれも経験に勝る５歳馬が優勝しています。現在のところ４歳馬にとっては、秋華賞から中２週という厳しいローテーションの影響もあってか、好成績を残すのはなかなか難しいようです。

ただ、今回はその秋華賞組から、優勝馬・ブゼンキャンドル（牝4歳）ら強い競馬を見せた上位馬たちが出走してくるようなので、油断は禁物です。

また、古馬勢からもメジロドーベル（牝6歳）、エリモエクセル（牝5歳）のGI（オークス）馬2頭の他、実力馬がズラリと勢揃い。桜花賞、秋華賞に続く、三つ目のGI獲得を目指す彼女にとっては、かなりの厳しい戦いが予想されます。

しかし、サラブレッドが最も充実するといわれる5歳秋を迎え、2冠馬ながらひ弱な気がしていた以前と比べ、彼女は心身ともに一段とたくましくなりました。それを証明したのが、前走札幌記念2着の見事な復活劇です。

あのセイウンスカイ（牡5歳）を最後の直線で猛然と追い込み〝あわや〟のシーンを演出。無情にも半馬身差に迫ったところがゴールでしたが、彼女の持ち味を十二分に発揮したこのレースで、次走に向けての確かな手応えを掴むことができたのです。

読者のみなさんの中には、前走から2ヵ月以上の間隔が開くことを心配している方がいるかもしれませんが、その点に関して、僕自身は、まったく不安を感じていません。過去のローテーションを振り返っても、むしろこのぐらいの間隔を開けたほうが、レースでは良い結果を残してきた馬なのです。前走同様、素晴らしい走りを披露してくれると期待しています。

本番では、実力伯仲のハイレベルな争いが繰り広げられるであろうことは必至ですが、この後は、国際ＧＩレース「香港国際カップ」（香港シャティン競馬場／芝２０００ｍ）出走も視界に入れている彼女。ぜひとも勝って、三つのＧＩ勲章を手に、海外へと羽ばたきたいですね。

1999年11月14日　京都

第24回エリザベス女王杯（GＩ）

ファレノプシス

6着（1番人気）

1　メジロドーベル
2　フサイチエアデール
3　エガオヲミセテ

枠連　3－8　780円
馬連　6－16　5270円

ブラックホーク　マイルの超良血馬

4歳クラシック最後の1冠を懸けて争われた菊花賞（芝３０００ｍ／京都競馬場）。僕は、ダービー馬・アドマイヤベガ（牡4歳）をパートナーに臨みましたが、残念ながら6着に終わりました。

前哨戦の京都新聞杯（芝２２００ｍ）を、危なげないレース運びで快勝し、万全の状態で迎えた本番だったのですが……。

道中は、好スタートから途中掛かりながらも、ほぼ想定していた通りの、中団やや後方のポジションを取りました。予想はしていたのですが、ペースがスローなため、馬群がバラけず、団子状態でゴチャゴチャ。

「前が壁にならなければええんやが」

手応えは良かったため、それだけが心配でした。ところが、結果的には、恐れていた通りの最悪の展開に陥ります。先行馬を捌《さば》いてなんとか馬群を抜け出し、ゴール前懸命に末脚を伸ばした時には、レースが終わっていました。

直線の不利、外枠の影響など、敗因を挙げればキリがありません。しかし、今回のレースではベガの能力をまったく出し切ることができませんでした。調子も悪くなかっただけに、何とも後味の悪い競馬になってしまったのが、本当に残念でなりません。

アドマイヤベガの次走は未定ですが、消化不良に終わった今回の借りを、ぜひともどこかで返したいと思います。

さて、秋のベストマイラー決定戦となるGI・マイルチャンピオンシップ（芝1600m）が、京都競馬場を舞台に行われます。

僕は、このレースではいまだ勝ち星に恵まれず、'89年と'90年に、バンブーメモリーに騎乗して連続2着したのが最高着順です。特に、'89年は全盛期のオグリキャップを相手にハナ差の名勝負を演じたレースで、10年経った今でも深く印象に残っていますね。

その後もマイルチャンピオンシップでは勝利には至らず、悔しい思いをしていましたが、初勝利を目指す僕の前に、今年は強力なパートナーが現れました。その名は、ブラックホーク（牡6歳）です。

彼の父は、世界的な大種牡馬・ヌレイエフ。ヌレイエフは、〝女傑〟ヒシアマゾンの父であるシアトリカルや、ブリーダーズカップ・マイルなどのGIを8勝した牝馬・ミエスクらを輩出した、名馬中の名馬です。

僕にとっては、ブラックホークは’99年のGIレース初の〝テン乗り〟（その馬に初めて騎乗すること）となります。’98年のファレノプシス（牝5歳）での桜花賞優勝以来のテン乗りですが、ぜひともモノにしたいですね。彼の過去のレースぶりを振り返っても、父・ヌレイエフの名に恥じない素質がハッキリと感じられるので、勝つチャンスは十分あると思います。

ブラックホークは、’98年の安田記念後、脚部不安と骨折のため、1年2ヵ月もの長期休養を余儀なくされましたが、8月の関屋記念でレースに復帰。リワードニンファ（牝5歳）の日本レコード駆けに屈し、惜しくも2着でしたが、潜在能力をアピールするには十分な競馬を披露しています。

続く京成杯AH3着の後、迎えたスワンS（10月30日・京都競馬場）では、迫力ある走りで他馬を寄せつけず、’98年のダービー卿CT以来、ふたつめの重賞をゲット。完全復活を周囲に印象づけました。そのレースで僕は、ブラックホークと同馬主のブロードアピール（牝6歳）に騎乗して2着だったのですが、後ろでそのレースぶりを見て、

「とても力強い馬だなあ」

という印象を持ちました。

前走の勝利により、今回のレースでも有力馬の一頭に数えられているようですが、そんな馬に騎乗できるのは本当に光栄です。騎乗依頼をいただいた国枝先生（調教師）ら、関係者の方々の期待に応えるためにも、ぜひとも良い結果を残したいと思っています。

　前走から中2週のローテーションで臨む今回のマイルチャンピオンシップですが、脚元に不安を抱える彼も、状態に関しては今のところまったく不安はありません。

　最有力馬の一頭として臨むこの一戦、ぜひとも優勝したいですね。

1999年11月21日　京都

第16回マイルチャンピオンシップ（GⅠ）

ブラックホーク

3着（2番人気）

1　エアジハード
2　キングヘイロー
3　ブラックホーク

枠連　3－5　520円
馬連　6－9　1110円

スペシャルウィーク　ライバルは凱旋門賞馬

秋の天皇賞に続く、この秋二つ目のＧＩ勝利を目指したエリザベス女王杯は、残念な結果に終わりました。２冠牝馬のファレノプシス（牝５歳）とのコンビで臨んだレースでしたが、直線の不利が大きく響き、結果は６着。彼女にとって三つ目のＧＩ制覇は、次走に持ち越しです。

道中はスムーズに流れに乗り、折り合いもついて、４コーナーまではほぼ完璧。ところが、ゴール前のラスト１ハロン（２００ｍ）手前で、満を持して追い出しにかかろうとしたところ、目の前にいたヒシピナクル（牝４歳）が壁になってしまいました。

さらに、進路を外に取ろうとすると、真横にエリモエクセル（牝５歳）が馬体を寄せていて、完全に行き場を失ってしまったのです。

道中で、ためにためてきたエネルギーを一気に爆発させようとした最後の直線で、こうも連続して急ブレーキをかけさせられては、自在性が最大の武器の彼女もまったくのお手上げ。そこからわずか１００ｍで、優勝したメジロドーベル（牝６歳）に０秒３差まで迫る、ものすごい追い込みを見せていただけに、〝たられば〟は禁物の勝負の世界とは言え、

「もしも、あの不利さえなかったら……」

と、悔やまずにはいられません。

次に騎乗する時には、今回の悔しさをぜひとも晴らし、ファンの方にも、

「ファレノプシスはやっぱり強かった」

と言われるような騎乗をお見せしたいですね。


さて、秋華賞から始まったＧⅠシリーズもいよいよ後半戦。スペシャルウィーク（牡５歳）とともに、国際ＧⅠ・ジャパンカップ（芝２４００ｍ／東京競馬場）に臨みます。

前走、秋の天皇賞では、前哨戦での惨敗や、追い切りで格下馬に差し返される不甲斐ない調教内容などから、デビュー以来最低の４番人気まで人気を落としていました。僕も、ずっとコンビを組んできて、スペシャルウィークの良い時を知っているだけに、はたして実力を発揮できるのかどうか、正直、半信半疑のまま臨んだレースでした。

ところが本番では、まるでダービーを勝った時のことを思い出したかのような豪脚で、並みいるライバルを蹴散らし、優勝。周りの不調説を覆し、見事なレコード勝ちを披露してくれました。

その後のスペシャルウィークは、激走の反動もなく、厩舎でもカイバをバリバリ食べていて元気いっぱいです。早くから秋の大目標をこのジャパンカップに定めていたので、中間の調教も万全といったところです。休養明け3戦目で体調も上向き。強力な外国馬を迎え撃つ日本馬のエースとして、十分力を発揮できる状態にあります。

最大のライバルとなるのは、世界最高峰のレース・凱旋門賞であのエルコンドルパサー（牡5歳）を破ったモンジュー（牡4歳）です。

僕も凱旋門賞の時にレースを間近で見ましたが、蛯名正義騎手が完璧な騎乗をしたにもかかわらず、エルコンドルパサーをかわしたあの驚異的な末脚には、本当にびっくりさせられました。

今までジャパンカップには、コタシャーン（’93年）やピルサドスキー（’97年）ら、錚々たるメンバーが出走していますが、能力的には、その中でも1、2を争うぐらいのレベルにあるのではないでしょうか。

以前このコラムでも何回か述べた「スペシャルウィークとの海外遠征」の夢はついに

実現できませんでしたが、凱旋門賞馬・モンジューら世界の強豪馬を相手に、スペシャルウィークの全能力をぶつけて勝負するのが本当に楽しみです。

スペシャルウィークとのレースも、今回と有馬記念の残り2戦。厳しい戦いが予想されますが、GＩ3連勝という最高の花道を飾らせてあげるために、悔いのない、最高の騎乗をしたいと思います。

1999年11月28日　東京

第19回ジャパンカップ（GＩ）

スペシャルウィーク

1着（2番人気）

1　スペシャルウィーク
2　インディジェナス
3　ハイライズ

枠連　4－7　1510円
馬連　7－13　23190円

ウォーターポラリス　抽選待ちの1勝馬でも

秋のＧⅠシリーズも、残すところ、あと4戦。今度は、阪神3歳牝馬ステークス（芝１６００ｍ）が行われます。

このレースは、’94年に外国産馬のヤマニンパラダイスで優勝を経験していますが、その時のことは今でも強烈な印象として残っています。

デビュー前から調教でも破格の時計を出していて、注目を浴びていた彼女でしたが、期待に違《たが》わず、デビュー戦と2戦目を連続レコード勝ちし、瞬く間に本番での大本命馬として名乗りを挙げました。

迎えた阪神3歳牝馬ステークスでも、3歳牝馬らしからぬ、大人びたレースセンスと圧倒的なスピードで、他馬につけ入るスキすら与えない見事な優勝。そのうえ、またしてもレコード勝ちでした。若駒に騎乗する上でもっとも苦労する折り合いも、スタートからゴールまでバッチリついて、最後の直線で仕掛けた時の反応も抜群。レース後、関係者の方々に、

「僕がこれまでに乗ったことがないぐらいの凄い馬になる可能性を秘めている」

と、興奮しながら語ったことを覚えています。

しかし、残念ながら彼女はこのレースの後、骨折が判明し長期の休養を余儀なくされました。復帰後、何戦か手綱を取りましたが、3歳時のあの圧倒的なスピード感は影を潜め、全能力を開花させることなく、ひっそりとターフを去りました。素質的には世界を狙えた逸材だっただけに、引退は本当に残念でした。

さて、今回の僕の騎乗馬は芦毛の外国産馬・ウォーターポラリス（牝3歳）です。まだ1勝馬のため、レースへの優先出走権がなく、現在は抽選待ちといった状況ですが、彼女の素質には非凡なものを感じています。

前走、ダートでのデビュー戦（１４００ｍ）では、追い切りで乗った時の感触が素晴らしく、自信を持って臨んだところ、2着に1秒7もの大差をつける圧勝で期待に応えてくれました。

田中（耕太郎）先生は早くから目標をこのレースに絞っており、調教も順調で、本番は万全の状態で臨めそうです。

レース経験の浅い3歳、デリケートな牝馬、初めての芝でのレースと、不確かな要素が少なくありませんが、僕にとっては、逆にいったいどんなレースを見せてくれるのか、そっちのほうが楽しみ、といったところです。デビュー戦での勝ち方から、ひょっとしたらものすごい馬に成長してくれるのではと、ひそかに期待を寄せている馬ですからね。

ただ、出走できないことにはどうしようもありませんので、後は運を天にまかせ、抽選で通ることを願うばかりです。僕に初めてのGⅠ勲章をプレゼントしてくれた、’88年の菊花賞馬・スーパークリークや、今年のオークス2着馬・トゥザヴィクトリー（牝4歳）も、レース1週間前は優先出走権がなく、抽選待ちの状態でした。

まずは出走できること。つまり運を味方にすることも、競馬には絶対に必要です。出られさえすれば、優勝できるチャンスが彼女には十分あります。

ところで、もうひとつ、僕自身が毎年楽しみにしている、ワールドスーパージョッキーズシリーズが開催されます。

現在、日本での短期免許を取得し、関東で活躍しているO・ペリエ騎手やM・キネーン騎手ら、世界の一流騎手が一堂に集い、腕を競い合います。

普段は、馬同士の力比べがメインの競馬ですが、このときばかりは騎手が主役。彼らの騎乗フォームや手綱さばきを間近で見る機会は、日本ではなかなかありませんし、騎乗馬はすべて抽選で決まるため、ファンの皆さんもまた、普段の競馬とは違った楽しみ方ができるのではないでしょうか。白熱した好勝負が予想されますが、僕も持てる力をすべて出し切り、世界のライバルたちと鎬《しのぎ》を削りたいと思います。

願わくば、このシリーズで優勝し、最高の形で阪神３歳牝馬Ｓに臨みたいですね。

1999年12月5日　阪神

第51回阪神３歳牝馬ステークス（ＧⅠ）

ウォーターポラリス

14着（６番人気）

１　ヤマカツスズラン
２　ゲイリーファンキー
３　マヤノメイビー

枠連　１－８　1100円
馬連　１－14　1330円

マチカネホクシン　未勝利GIあと五つ

11月28日、東京競馬場で行われた国際GI・ジャパンカップは、愛馬・スペシャルウィーク（牡5歳）が、2着のインディジェナス（騸馬《せんば》7歳・香港）に1馬身半の差をつけて優勝。秋の天皇賞に続くGI連覇を達成しました。

何度もこのコラムで述べてきた「スペシャルウィークとの海外遠征」こそ叶いませんでしたが、あのエルコンドルパサーを破った凱旋門賞馬・モンジュー（牡4歳）ら強豪外国馬を相手に、見事に日本代表馬の意地を見せてくれました。

厳しいローテーションの中、キッチリと馬体を仕上げてくれた白井寿昭先生とスタッフの方々、持ち前の勝負根性を発揮し、それに応えてくれたスペシャルウィークには本当に頭が下がります。

この後は、ラストランの有馬記念が控えています。7月の宝塚記念で一度は敗れた、怪物・グラスワンダー（牡5歳）も出走を予定しているようですので、ここで雪辱を果たしたいと思っています。前人未到の〝GI3連勝〟はもう目前に迫っています。ぜひとも勝って、引退の花道を飾らせてあげたいですね。

さて、シリウスステークス（GⅢ・ダート1400m／阪神競馬場）、朝日杯3歳ステークス（GⅠ・芝1600m／中山競馬場）、愛知杯（GⅢ・芝2000m／小倉競馬場）と、各競馬場で三つの重賞競走が行われます。

僕は、11日のシリウスSに外国産馬のゴールドティアラ（牝4歳）、12日の朝日杯3歳Sに同じく外国産馬のマチカネホクシン（牡3歳）とのコンビで出走を予定しています。

まずはゴールドティアラについて。彼女はシーキングザゴールド産駒の外国産馬で、ここまで12戦4勝の成績を残しています。その内ダートで3勝していて、前々走のユニコーンステークス（GⅢ・ダート1800m）も勝っているダート巧者です。

彼女には、芝でのレースでしか騎乗したことがありません。でも、パワー溢れる粘り強い走りっぷりから、ダートは得意そうだなと感じていましたので、重賞勝ちもうなずけるところです。距離に関してもまったく不安はありませんし、当日、どんな競馬を見せてくれるのか、本当に楽しみにしています。

ただ、初めての古馬との対戦になるので、そのあたりの力関係がどうなのかは、実際にレースをしてみないことにはわかりません。しかし、今回のレースは、彼女の今後を占う上での試金石です。彼女の良いところを引き出すような騎乗を心掛け、なんとか結果を残したいと思っています。

　また、朝日杯で騎乗するマチカネホクシンについてですが、こちらはまったくのテン乗り（初騎乗）になります。

　河内洋騎手が騎乗し、優勝した前々走のいちょうステークス（芝１６００ｍ）。僕は他の馬に騎乗し、先頭を走っていたのですが、最後の直線でかわされた時のあの瞬発力は、まさにケタ違いでしたね。その時にマークした上がり34秒4の脚は3歳の若駒が簡単に出せるものではないので、「強い馬が現れたなあ」という印象を持っていました。

　前走は、直線で前が壁になるという大きな不利が影響して3着でしたが、現在は、巻き返しを図るべく、本番に向けて順調に調教をこなしているようです。浅見秀一先生からも、調子は良いと聞いていますので、なんとかこのチャンスを生かしたいですね。

　朝日杯はこれまで、’94、’95、’98年にそれぞれ、スキーキャプテン、エイシンガイモン、エイシンキャメロンと、2着続き。未だ勝ち星に恵まれていませんが、今年こそ勝利を手にしたいと思っています。

　ジャパンカップ優勝で、僕にとって未勝利のＧⅠは、残り五つとなりました。フェブラリーS、高松宮記念、エリザベス女王杯、マイルCS……そして、この朝日杯3歳Sです。ジャパンカップを制覇した勢いで、全GI制覇の記録に向けて、またひとつ近づけたら最高ですね。

1999年12月11日　阪神

第3回シリウスステークス（GIII）

ゴールドティアラ
1着（1番人気）

1　ゴールドティアラ
2　タガノサイレンス
3　キョウエイフォルテ

枠連　2－8　1330円
馬連　3－16　1560円

1999年12月12日　中山

第51回朝日杯3歳ステークス（GI）

マチカネホクシン　3着（3番人気）

1　エイシンプレストン
2　レジェンドハンター
3　マチカネホクシン

枠連　5－5　1630円
馬連　9－10　1620円

アグネスワールド　今度は日本のGIを

12月4、5日の両日に、僕が毎年楽しみにしているイベントの第13回ワールドスーパージョッキーズシリーズ（WSJS）が行われました。

ゴールデンスパートロフィー（芝1400m）などの計4レースを対象に、各レースの順位によってポイントが与えられ、その合計得点で優勝を争うというのが、WSJSです。O・ペリエ騎手やM・キネーン騎手ら世界の一流ジョッキーたちと、同じ舞台で腕を競い合うことはまさに興奮の連続でした。

僕にとってこのシリーズは、今回で12年連続の出場となりますが、未だ優勝経験はありません。騎乗馬は抽選で決まるため、優勝争いを繰り広げるにはジョッキーの腕とともに、運も大きく作用することになります。

'99年は、緒戦のゴールデンブーツトロフィー（芝2200m）で、パートナーのワールドナウ（牡5歳）が4コーナーから大外を回り、最後方から豪快に差しきって1着。幸先のいいスタートを切ることができました。

毎年あと一歩のところでシリーズ優勝を逃していたので、レース終了後ひそかに、

「今年こそいける！」

と思っていたのですが、その後の3戦は、6着、4着、9着とふるわず、結果は3位。今年も優勝にあと一歩届きませんでした。結局優勝したのは、全4戦で7、1、1、8着という好成績を挙げた柴田善臣騎手。僕にも優勝するチャンスは十分あっただけに、本当に残念でした。

僕が運よく調子の良い馬に恵まれても、ＷＳＪＳに出場するレベルのジョッキーは、腕で（馬を上位に）持ってきます。そのため、ＷＳＪＳはゴールする最後の最後まで気を抜けません。これはものすごく刺激になりました。それに、何より楽しくレースができたことが良かったです。

さて、’99年のＧＩシリーズも残すところあと2戦。中山競馬場を舞台に行われる、12月19日のスプリンターズステークス（芝１２００ｍ）と、12月26日の有馬記念（芝２５００ｍ）を残すのみとなりました。

この原稿を書いている時点で、僕の’99年のＧＩ勝ちはスペシャルウィーク（牡5歳）とのコンビで挙げた、春秋の天皇賞、ジャパンカップと、アドマイヤベガ（牡４歳）と

のダービーを合わせて四つ。

さらなる好成績を目指し、今週一緒に戦う僕のパートナーは、みなさんおなじみの、フランスＧⅠウィナー・アグネスワールド（牡5歳）。日本ではまだＧⅠを勝っていない彼ですが、「アベイユ・ド・ロンシャン賞」（仏ＧⅠ／直線芝１０００ｍ）勝ちが物語るように、短距離では世界トップクラスの実力馬です。

'98年のこのレースには、女傑・シーキングザパールで臨み、最後の直線でダントツの人気を集めていたタイキシャトルをかわしたものの2着。優勝したマイネルラヴ（牡・当時4歳）には惜しくも届きませんでした。一瞬、優勝を意識したほどのものすごい手応えだったので、本当に悔しい思いをしました。その悔しさを、森厩舎の後輩でもあるアグネスワールドで、ぜひとも晴らしたいと思っています。

前走、ＣＢＣ賞（11月27日、芝１２００ｍ）では、スピードの違いで楽に先頭に立つと、そのまま押しきり優勝。まるでフランスでのレースを再現したかのような逃げ切りでした。今回もライバルの一頭となる、2着のマサラッキ（牡7歳）に半馬身差まで詰め寄られましたが、手応えにまだまだ余裕があり、着差以上に強い内容を披露してくれましたね。

春先は不安のある脚元を気づかいながら調教していたのですが、現在はハード調教もなんのその。海外遠征から帰国後、叩き2戦目という上積みもあり、心身ともに非常に良い状態にあるようです。

　アグネスワールドは来年も現役を続け、海外遠征を行う予定とのことです。ぜひとも〝日本一のスプリンター〟の称号を手土産に、再び海外へと羽ばたきたいと思っています。

1999年12月19日　中山

第33回スプリンターズステークス（ＧⅠ）

　アグネスワールド

　　2着（1番人気）

1　ブラックホーク
2　アグネスワールド
3　キングヘイロー

枠連　3－5　450円
馬連　5－10　630円

スペシャルウィーク〝有終の美〟へ向けて

いよいよ１９９９年の競馬シーズンもラスト。26日に中山競馬場で行われる、第44回有馬記念（芝２５００ｍ）が、'90年代の最後を飾るＧＩとなります。

僕のパートナーは、春秋の天皇賞に加え、ジャパンカップも制覇したスペシャルウィーク（牡5歳）。今回は彼にとっても、引退レースとなる最後の大一番です。

現在出走を予定しているメンバーは、怪物・グラスワンダー（牡5歳）をはじめ、菊花賞馬・ナリタトップロード（牡4歳）、春のＮＨＫマイルカップ制覇以来のぶっつけ本番となるシンボリインディ（牡4歳）などなど。国内最強馬決定戦にふさわしい実力馬が顔を揃えました。

その中で今回、スペシャルウィークは栄えあるファン投票第1位に選ばれました。投票していただいたファンの皆さまには、この場をお借りしてお礼を述べさせていただきます。本当にありがとうございました。本番では、その期待に応えられるよう、ぜひとも彼を勝利に導いてあげたいと思っています。

さて、読者の皆さんも気になるでしょう、スペシャルウィークの状態に関してですが、管理する白井寿昭先生によると、

「変わりなく良い状態をキープしている」

とのこと。秋の天皇賞、ジャパンカップと激戦が続き、タフな彼もさすがに疲れが残っているのではと心配していましたが、回復が早く、カイバ食いも問題ないようですね。

過去のレースぶりを振り返っても、間隔が開くより、詰まっているほうが逆に好成績を残してきていますので、今回も良い状態で本番を迎えることができそうです。

肉体的にも、精神的にもサラブレッドとしてもっとも充実する5歳のこの時期。落ち着き払った仕草、完成された馬体を持つスペシャルウィークはさらに凄みを増しています。宝塚記念では完膚なきまでに叩きのめされましたが、グラスワンダーとの再戦には、今からワクワクしています。

この秋緒戦の京都大賞典ではよもやの大敗を喫し、一時はどうなることかと僕も気が気でなりませんでしたが、周囲の心配をよそに、涼しい顔でＧＩ連覇の偉業を成しとげたスペシャルウィークは、頼もしい限りです。有馬記念では、日本競馬史上初となる、秋季ＧＩ3連勝をぜひとも達成し、最高の形で引退の花道を飾らせてあげたいですね。

さて、エルコンドルパサーと蛯名正義騎手の、凱旋門賞における歴史的好走などで沸いた’99年の競馬界。僕にとっても、’99年はさまざまな出来事がありました。そこで、少しだけそれらを振り返りたいと思います。

まずは、アグネスワールド（牡5歳）とのコンビで優勝した、フランスＧⅠ「アベイユ・ド・ロンシャン賞」。’98年のタイキシャトル（ジャック・ル・マロワ賞／仏ＧⅠ）、シーキングザパール（モーリス・ド・ギース賞／仏ＧⅠ）に続く、2年連続の海外ＧⅠ制覇の快挙は、日本の競馬界の実力が間違いなく世界レベルにあることを証明してくれたと思います。アグネスは6歳になる２０００年も現役を続行し、二度目の海外遠征も視野に入れているとのこと。期待十分です。

また、国内ではなんといっても、愛馬・スペシャルウィークとの活躍が一番印象的ですね。史上2頭目となる春秋天皇賞制覇、凱旋門賞馬・モンジュー（仏／牡4歳）を破ったジャパンカップとＧⅠ3勝の快挙。特に、秋の天皇賞におけるゴール前最後のひと伸び――。今でもあれは、’98年秋、同じ天皇賞でターフに散った、天国のサイレンススズカが後押ししてくれたのだという気がしてなりません。

他にも、アドマイヤベガ（牡4歳）とのコンビで、史上初のダービー連覇を果たすなど、支えてくれたスタッフ、ファンの方々のおかげで、満足のいくシーズンを送ることができました。２０００年はこれ以上の成績を残せるよう精一杯頑張りたいと思います。

1999年12月26日　中山
第44回有馬記念（GⅠ）
スペシャルウィーク
2着（2番人気）

1　グラスワンダー
2　スペシャルウィーク
3　テイエムオペラオー

枠連　2－4　450円
馬連　3－7　470円

ゴールドティアラ　スペシャル引退式

読者のみなさん、遅ればせながら、明けましておめでとうございます。今年も僕が知っているとっておきの競馬情報をみなさんにお届けしていきたいと思いますので、お付き合いのほど、よろしくお願いいたします。

まずは、’99年の有馬記念での大接戦を最後に引退した、愛馬・スペシャルウィークについて少し話をさせて下さい。

’98年に、僕が子供の頃から憧れていたダービージョッキーの栄冠をプレゼントしてくれた、思い入れの深い名馬がスペシャルウィークです。

’99年は有馬記念こそグラスワンダーにハナ差で敗れたものの、周囲の不調説を見事に覆した春秋天皇賞連覇、凱旋門賞馬・モンジューを破って優勝したジャパンカップなど、生涯獲得ＧＩは四つ。常にＧＩの大舞台で華々しい活躍を見せてくれました。

’97年11月のデビューから引退までの約2年間、さまざまな困難にぶつかり続けましたが、1月5日と6日に東西の競馬場で行われた引退式での、「まだまだ走れるぞ」「お疲れさま」といった温かい声援はとても嬉しかったですね。これまで応援してくれたファンの皆様には、この場をお借りしてお礼を述べさせていただきます。本当にありがとうございました。多くのファンに支えられたこれだけの名馬に出会い、共に戦えたことを誇りに思います。そんな馬にもう騎乗できなくなるのはちょっと寂しいのですが……。

　彼は現在、北海道早来《はやきた》にある社台スタリオンステーションで今春からの種牡馬生活に備えています。初産駒がデビューするのは3年後。みなさんと一緒に、その子供たちがターフを駆ける姿を楽しみに待っていたいと思います。

　ところで、先日発表された年度代表馬に、仏ＧⅠ・サンクルー大賞1着、凱旋門賞2着のエルコンドルパサーが選出されました。半年間にも及ぶヨーロッパ滞在競馬という勇気ある挑戦は、日本競馬界の未来を開く貴重な財産をもたらしてくれたと思います。

　僕としては、何とかスペシャルウィークに年度代表馬を獲らせてあげたいと願っていましたが、その夢は彼の産駒たちに引き継がれることになります。いつかきっと叶えてくれることでしょう。

　さて僕の場合、例年の年明けは、アメリカ・サンタアニタ競馬場など、海外のレースに参戦していたことが多かったのですが、２０００年は久しぶりに日本の正月競馬を満喫しました。

開幕から4日間の成績は、9勝2着4回。上々のすべり出しでした。中でも印象的だったのは、9日に行われた万葉Ｓ（ＯＰ／芝３０００ｍ）で、期待の一番星・ラスカルスズカ（牡5歳）が単勝1・1倍の断トツ人気に応えて快勝したことです。手綱を取るのは昨年の神戸新聞杯以来でしたが、ものすごく成長していて、以前とは雰囲気がガラリと変わっていました。次走の阪神大賞典をステップにしてから向かう大目標・春の天皇賞（4月30日／芝３２００ｍ）が本当に楽しみです。

'98年の秋、東京競馬場のターフに散った偉大な兄・サイレンススズカは5歳になってからは、レースに一度も負けませんでした。そんな兄に勝るとも劣らない素質を秘めたラスカルスズカとともに、今年はぜひとも連勝街道を突き進みたいと思っています。

そして、今度僕が騎乗する重賞レースは、平安ステークス（GⅢ／ダート１８００ｍ）です。パートナーは5歳牝馬のゴールドティアラ。小柄ながらも鋭い瞬発力を秘めた彼女は、過去に出走したダート4戦にすべて勝っているダート巧者です。豪快な追い込みを決めたシリウスＳ（ダート１４００ｍ）、ユニコーンＳ（ダート１８００ｍ）に続く三つ目の重賞勝利に向け、現在順調に調教が行われているようです。

この後は2月のGⅠ・フェブラリーステークス（ダート１６００ｍ）で、ビッグタイトル奪取を狙っているとのこと。ぜひとも勝って弾みをつけたいですね。

2000年1月23日　京都

第7回平安ステークス（GIII）

ゴールドティアラ

3着（1番人気）

1　オースミジェット
2　シアトルブリッジ
3　ゴールドティアラ

枠連　2－7　510円
馬連　3－13　2890円

ブロードアピール　順調な1年のスタートを

1月16日、京都競馬場のメインレース・日経新春杯（GⅡ／芝２４００ｍ）で、関東馬・マーベラスタイマー（牡7歳）に騎乗し完勝。この馬にとっては、'99年のアルゼンチン共和国杯（GⅡ／芝２５００ｍ）に続く2度目の重賞制覇、僕にとっては今年最初の重賞勝利を手にすることができました。

2着には弟の幸四郎が騎乗したメイショウドトウ（牡5歳）が入り、翌日は、

「武兄弟、中央競馬重賞初のワンツー勝利！」

との見出しが躍るスポーツ紙も目にしました。一般レースや地方競馬などでは何度かやった弟との「ワンツー勝利」ですが、やっぱり嬉しいもので喜びもひとしおですね。もちろん、僕が1着になったからこそ言うのですが（笑）。

僕にとって、マーベラスタイマーとのコンビは、昨年の4月以来となる久しぶりの騎乗でした。7歳という年齢的なこと、前走のステイヤーズステークス（GⅡ／芝３６００ｍ）で大敗（8着）していたことから、正直言ってあまり自信はありませんでした。

ただ、馬自体のデキは素晴らしかったし、落ち着きがあったので、スローペースに引っ掛かりさえしなければ楽しみなレースになるな、とは思っていたのです。それにしても、まさかあれほどの力強い末脚を繰り出すとは、こういっては何ですが、驚きました。２着との着差はわずか半馬身でしたが、その勝ちっぷりは眠れる素質がついに開花したことを感じさせるものでしたね。

今後は天皇賞（春）を目標に調整されるようですが、今回のような厳しい流れのレースを克服し、ここにきて本格化著しい現在ならば、本番でも十分期待できるのではないでしょうか。７歳にして初めてのＧⅠ挑戦になりますが、とても楽しみですね。

さて、東西で、東京新聞杯（ＧⅢ／芝１６００ｍ）と、京都牝馬特別（ＧⅢ／芝１６００ｍ）の、二つの重賞競走が行われます。

僕は外国産馬のブロードアピール（牝７歳）をパートナーに、古馬牝馬の重賞競走第一弾・京都牝馬特別へ臨みます。

彼女に騎乗するのは昨年のスワンステークス（ＧⅡ／芝１４００ｍ）２着以来、２走ぶりとなりますが、本当に楽しみにしています。そのレースでの勝ち馬は、その後、ＧⅠ・スプリンターズステークスを勝ったブラックホーク（牡７歳）でした。敗れたとは言え、後のＧＩ馬にわずか2馬身差まで迫った内容は十分評価に値するものです。上がり3ハロンで繰り出した33秒6の強烈な末脚には、騎乗していた僕もびっくりさせられたほどですから。

すでに7歳となり、変わり身はそれほど見られませんが、キャリアはまだ16戦と消耗が少なく、馬体はまだまだ若い彼女。重賞レースでは惜しい2着を3回（阪急杯、スワンS、富士S）も経験しているので、このあたりできっちり勝利をモノにし、なんとか重賞初勝利をプレゼントしてあげたいですね。

僕自身が騎乗した感触では、彼女にとっては１４００ｍがベストの距離で、１６００ｍはやや長いかな、というところですが、うまく流れに乗って、末脚を生かせるような展開になれば十分チャンスはあると思っています。

ところで、自分の話になってしまいますが、２０００年が明けて以来、16日にも1日5勝を達成するなど、僕は過去に経験がないほどのハイペースで勝ち星を重ねることができていて、この原稿を書いている時点で早くも15勝。もしかしたら、〝２０００年問題〟で「武豊」が誤作動しているのかもしれないと思うほどです（笑）。

例年だと1月の中央競馬開催期間中は海外参戦していることが多く、日本を留守にしているのですが、今年は久々の日本滞在。もちろん、チャンスさえあればいつでも海外へ行く準備は整っていますが、まずは日本で、一戦一戦大事に、ファンのみなさんに喜んでもらえるような騎乗をお見せしたいと思っています。

2000年1月30日　京都
第35回京都牝馬特別（GIII）
ブロードアピール
8着（4番人気）

1　スティンガー
2　エイシンルーデンス
3　ハイフレンドコード

枠連　3－8　1030円
馬連　3－11　1090円

マチカネホクシン　不本意なケガで〝休場〟の後は

先日（1月22日）は、ファンのみなさん及び関係者の方々にはご心配をおかけしました。なんだか、周りは大騒ぎになってしまったようです（笑）。

第1回京都競馬7日目、第5レースの騎乗中、腰のあたりに痛みが走ったため（診断結果は「右座骨神経痛」）、午後からの騎乗を休ませていただきました。僕自身、過去に騎乗停止で乗れなかったことは何度かありましたが、病気による騎乗取り止めは初めてのこと。無理をすれば騎乗できなくはなかったのですが、完全な状態でレースに臨めないことで、ファン及び関係者の方々にご迷惑をおかけするかもしれなかったので、大事を取らせていただきました。

特殊な乗り方をするために腰全体に大きな負担がかかるジョッキーにとって、腰痛はほとんど職業病のようなもの。実際、腰痛を持病に抱えている騎手は周りにも少なくありません。ただ、僕にとっては初めてのことで、一瞬、

「ヤバイかも……」

と思ったのですが、治療の結果、おかげさまで翌日からは何事もなかったかのように騎乗することができました。みなさんにはご心配をおかけしましたが、もう大丈夫ですのでご安心ください。今年は年明けから好調が続いているので、それを維持できるように今後も頑張っていきたいと思っています。

さて、東西で、シルクロードステークス（GⅢ／芝１２００ｍ／京都競馬場）、共同通信杯4歳ステークス（GⅢ／芝１８００ｍ／東京競馬場）、小倉大賞典（GⅢ／芝１８００ｍ／小倉競馬場）と、三つの重賞競走が行われます。

その内、シルクロードSは'98年にシーキングザパールで、小倉大賞典も同じく'98年にサイレンススズカで優勝を経験していますが、共同通信杯4歳Sは、'95年、後にダービー馬となったタヤスツヨシとのコンビによる2着が最高です。

当時のタヤスツヨシは、前年のラジオたんぱ杯3歳ステークス（小島貞博騎手騎乗）を勝ち、その馬っぷりの良さから4歳クラシックの最有力候補と言われていました。

ところがレースでは、南井克巳騎手（現調教師）騎乗のナリタキングオーにまんまと逃げ切りを許してしまい、最後の直線で猛然と追い込んだものの3馬身差の2着完敗。

この時は実に巡り合わせが悪く、ナリタキングオーに騎乗した前走のラジオたんぱ杯では、タヤスツヨシにハナ差敗れて2着。次走の共同通信杯は馬の順位は入れ替わったものの、2レースともに2着の騎手は僕。レース後、本当に悔しい思いをしたことを覚えています。

今回僕が騎乗するのは、その共同通信杯4歳Sです。騎乗馬はマチカネホクシン（牡4歳）。今回こそは彼とのコンビで初優勝を果たしたいところですね。

共同通信杯は、過去の勝ち馬に、アイネスフウジンやナリタブライアンなど6頭のダービー馬が名を連ねる、クラシックの登竜門として位置づけられているレース。ただ、残念ながらマチカネホクシンは外国産馬のためクラシックへの出走権はありません。

しかし、'98年にはあのエルコンドルパサーもここを勝って、その後大きく羽ばたいていったように、彼の将来を占う意味で重要なレースになることは確かです。２００４年までには外国産馬にもクラシックレースが開放されるようですが、今のところは出走できるレースが限られていますので、彼にとっては一戦一戦が勝負となります。

前走の朝日杯3歳ステークス（芝１６００m／3着）では、メンバー中最速の上がり3ハロン35秒3の末脚を繰り出したように、負けたとはいえ一瞬の切れ味には非凡なものを持っている馬です。流れに乗って末脚が生かせるような展開になれば十分チャンスはあります。

マチカネホクシンの今後の路線は未定ですが、ここはすっきり勝って将来へ望みをつなげたいと思います。

2000年2月6日　東京

第34回共同通信杯4歳ステークス（GIII）

マチカネホクシン

5着（1番人気）

1　イーグルカフェ

2　ジーティーボス

3　マルターズホーク

枠連　8－8　4890円

馬連　10－11　4920円

シルヴァコクピット　天皇賞に外国産馬も

2月の13日は、ダイヤモンドステークス（GⅢ／芝3200m／東京競馬場）、きさらぎ賞（GⅢ／芝1800m／京都競馬場）、2つの重賞競走が行われます。

僕が騎乗を予定しているのはきさらぎ賞で、パートナーはシルヴァコクピット（牡4歳）。グラスワンダーの父として有名な、シルヴァーホーク産駒の外国産馬です。

僕の場合、きさらぎ賞は、デビュー2年目の'88年のマイネルフリッセ、'95年のスキーキャプテン、そして'98年のスペシャルウィークと、過去3勝しています。昨年も、エイシンキャメロン（牡4歳）に騎乗して2着しており、もっとも相性の良いレースのひとつといえます。その中で思い出すのは、やはりスペシャルウィークとのコンビで優勝した一昨年のレースです。

昨年の有馬記念における、グラスワンダーとの歴史に残る名勝負を最後に引退した、GI4勝馬・スペシャルウィークですが、その当時はまだ1勝馬。出走予定だった500万下のレースを除外され、体調万全とはいえないまま、止むなく格上挑戦で出走したレースでした。

ところが、レースではスローペースの中、馬込みで折り合って進み、最後の直線、馬場の真ん中から力強く末脚を伸ばし、2着のボールドエンペラーに3馬身半差をつける圧勝。〝横綱相撲〟といってもいい勝ちっぷりで、重賞初勝利を挙げました。後のダービー制覇へのきっかけをつかんだレースという意味でも、深く印象に残っています。

今回出走するシルヴァコクピットは、残念ながら外国産馬のため、ダービーへの挑戦権はありません。ですが、このレースで重賞ウイナーの仲間入りを果たし、将来につながるような競馬ができればと思っています。

これまでの彼の戦績は、4戦2勝2着1回。昨年暮れのラジオたんぱ杯3歳ステークス（GⅢ／芝２０００ｍ、松永幹夫騎手騎乗）では3着入線をはたし、その実力が非凡なものであることは疑いありません。

前走の福寿草特別（4歳５００万下／芝２０００ｍ）で初めて騎乗したのですが、折り合いも良く、道中3、4番手からゴール前鋭く抜け出す競馬で、優勝することができました。

ただ、2着馬との着差はわずかクビ差で、僕もまだ彼の能力を完全にはつかみきれておらず、先行させたほうがいいのか、後方待機のほうがいいのか、まだ手探りの状態というのが正直なところです。

それでも潜在能力はかなりのレベルにある馬なので、流れに乗ってうまく持ち味を引き出すことができれば、十分チャンスはあると思います。出走できるレースが限られているため、一戦一戦が勝負となる外国産馬だけに、僕も最高の騎乗でサポートしてあげたいと思います。


ところで近年、外国産馬の活躍が非常に目立ち、僕自身も今回のように、外国産馬に騎乗する機会がとても多くなっています。

そんな中、先頃ＪＲＡより、外国産馬の育成・調教に携わる関係者にとって嬉しいニュースが発表されました。ご存知のみなさんもいらっしゃるかと思いますが、今年から外国産馬も、「中央競馬のＧⅠ勝ち馬」、「ステップ競走勝ち馬の賞金順」などの条件付きながら、2頭まで天皇賞（春・秋）に出走できるようになったのです。

さらに、２００４年までには4歳クラシック5大競走（皐月賞、ダービー、菊花賞、桜花賞、オークス）も外国産馬に開放し、その他のレースに関しても、少しずつ出走条件を緩和していく予定とのことです。

内国産、外国産を問わず、本当に強い馬同士の戦いを見たいという競馬ファンの要望に応え、門戸が開かれたことは素晴らしいことだと思います。

限られたレースにしか出走できないために、無理な調教を行い、競走生活を棒にふってしまう馬も少なくありません。これを機会に、内国産、外国産の垣根を取り払うだけでなく、他の多くの問題が早期に解決され、競馬界全体の発展につながっていくことを願っています。

2000年2月13日　京都

第40回きさらぎ賞（GIII）

シルヴァコクピット

1着（2番人気）

1　シルヴァコクピット
2　エリモブライアン
3　キングザファクト

枠連　3－8　1540円
馬連　3－12　1700円

ゴールドティアラ　ドバイW杯へ向けて

2月20日は、２０００年最初のＧＩレースとなる第17回フェブラリーステークス（ダート１６００ｍ）が、東京競馬場を舞台に行われます。

ＪＲＡから発表された最終登録馬は35頭。地方競馬からは、昨年、同レースで地方馬初の中央ＧＩ制覇を達成したメイセイオペラ（牡7歳、水沢・佐々木厩舎）を筆頭に、オリオンザサンクス（牡5歳、大井・赤間厩舎）、アローセプテンバー（牡6歳、船橋・北川厩舎）らが参戦。対する中央からは、オースミジェット（牡7歳）、ウイングアロー（牡6歳）といったお馴染みの実力ダート馬の他、昨年のＮＨＫマイルカップの覇者・シンボリインディ（牡5歳）やキングヘイロー（牡6歳）ら、〝芝路線〟組からの出走も予定されています。例年以上に強力なメンバーが顔を揃えたようで、ハイレベルな戦いが繰り広げられそうです。

今回僕がコンビを組むのはゴールドティアラ（牝5歳）。並みいる牡馬を蹴散らし、二つのダート重賞（ユニコーンS、シリウスS）を勝っているダート巧者です。

昨年のフェブラリーSで、僕はブライアンズタイム産駒のエムアイブランに騎乗し2着。彼は当時8歳という〝高齢〟でしたが、動き自体は若々しく、直前の調教でも抜群の内容を見せていました。体調の良さを生かして何とか勝たせてあげたかったのですが、残念ながらメイセイオペラに2馬身及びませんでした。

今年こそは、ゴールドティアラとのコンビで昨年のエムアイブランの雪辱を果たしたいところです。

前走の平安ステークス（ダート１８００ｍ／京都競馬場）では、道中後方を進み、最後の直線で外から伸びるも、届かず3着。降雨による不良馬場のために、末脚の切れを奪われてしまった感じでした。しかし、レース内容はそれほど悲観するものではなく、むしろ先行馬有利な流れの中をよくぞここまで追い込んできたと、合格点をあげられる内容だったと思っています。

今回は距離が前走の１８００ｍから２００ｍ短縮され、最後の直線が長い東京競馬場に変わります。彼女にとってこの条件は、間違いなくプラスです。松田調教師も、

「前走の疲れもすっかり取れたし、力を出せる状態にある」

と語っており、どんな競馬を見せてくれるのか、とても楽しみにしています。

ゴールドティアラは、この後、ドバイで行われる国際ＧＩ「ドバイ・ワールドカッ

プ」（ダート２０００ｍ）に登録しています。今回のレースの結果次第では、日本代表馬として遠征し、世界の強豪馬と戦うことになるかもしれません。ぜひとも勝って、世界へと羽ばたくチャンスをモノにしたいですね。

　ところで、中央競馬唯一のダートGⅠとして存在してきたフェブラリーSですが、今年から新たに、国際GⅠ・ジャパンカップダート（２１００ｍ／東京競馬場）が設けられました。63年間もの長きにわたり、内国産馬限定で行われてきた、伝統ある天皇賞（春、秋）を条件付きで外国産馬に開放するなど、日本競馬界はいま変革の時代に入っています。芝のGⅠは数多く開催されているものの、これまでダートで活躍する馬たちの大舞台は限られていました。名誉あるGⅠウイナーを目指し、ますますダート競馬が盛り上がりそうです。

　最近は、中央競馬に参戦する地方馬の活躍も目立ちます。記憶に新しいところでは、昨年のGⅢ・函館３歳ステークスを制したエンゼルカロ（牝４歳、当時ホッカイドウ競馬所属、現在は中央に転厩）や、GⅡ・デイリー杯３歳ステークスに勝利し、GⅠ・朝日杯３歳ステークスでも２着に善戦したレジェンドハンター（牡４歳）など。

　実力ある馬たちが、中央・地方の垣根を取り払い、素晴らしいレースを見せています。日本の競馬界全体のレベルアップを目標に、ジョッキーである僕達も、最高の騎乗で競馬の魅力を多くの人に伝えていきたいと思っています。

2000年2月20日　東京

第17回フェブラリーステークス（GⅠ）

ゴールドティアラ

2着（2番人気）

1　ウイングアロー
2　ゴールドティアラ
3　ファストフレンド

枠連　3－7　880円
馬連　6－14　1530円

アグネスワールド　トレセン全焼の悲劇の後で

　2月13日に京都競馬場で行われたGⅢ・きさらぎ賞（芝１８００ｍ）で、僕のパートナーのシルヴァコクピット（牡4歳）は、直線鋭く伸びて優勝を果たしました。不慮の事故で天に召された半兄・スターシャンデリア（牡5歳）への手向けとなる、重賞初制覇を成し遂げてくれたのです。

　新聞やテレビなどですでに皆さんご存知だと思いますが、2月11日未明、競馬界にとって、たいへん悲しい出来事が起こりました。競走馬の育成、休養を目的とする施設「社台レースホース山元トレーニングセンター」で、厩舎一棟を全焼する火災が発生。22頭の馬たちが命を落としたのです。その中には、僕も何度か騎乗し、この欄でも取り上げたことがあるエガオヲミセテ（牝6歳）や、デビュー前のラムタラの産駒、そして、シルヴァコクピットの半兄・スターシャンデリアも含まれていました。

　そのニュースを聞いた時は大きなショックを受けましたが、翌々日に控えたきさらぎ賞では、弟・シルヴァコクピットでなんとしてでも勝ち、少しでも明るい話題をスタッフに提供したいと考えていたのです。最後の最後に3頭横一線からグイッとクビ差抜け出せたのは、天国のお兄さんが後押ししてくれたからなのかもしれません。レース後、関係者の皆さんの喜ぶ顔を見ることができ、この日は僕にとっても忘れられない一日になりました。

彼は脚質的に長いところで持ち味を発揮する馬なので、今後はその路線を中心に戦っていく予定とのこと。志半ばで逝《い》った兄の分も頑張って、将来は彼とのコンビでＧⅠ制覇を果たせたら、と思います。

さて、アーリントンカップ（ＧⅢ／芝１６００ｍ／阪神競馬場）には外国産馬のピロマティア（牡4歳）、阪急杯（ＧⅢ／芝１２００ｍ／阪神競馬場）にはお馴染みのアグネスワールド（牡6歳）とのコンビで出走予定です。

アーリントンＣのピロマティアは、現在2戦2勝している期待の馬です。血統も、父は世界中に快足馬を送り出している名種牡馬・ダンチヒ、母はアイルランドのＧⅠホースという折り紙付き。最近は「世界に誇る名血の持ち主」といえる馬が日本にも多くなってきましたが、彼もそんな馬たちの中の一頭です。

過去のレースぶりを簡単に振り返えると、デビューはダートの１２００ｍ戦で、クビ差の勝利。続く寒桜賞（500万下／芝1200m）は上がり3ハロン34秒5の末脚を繰り出す非凡さを披露し、2馬身半差をつける快勝でした。

今回、距離が1600mに延びますが、折り合いに不安はない馬で、父、ダンチヒから受け継いだ天性のスピードを存分に発揮することができれば、本番でも良い結果が期待できそうです。池江先生も彼にはデビュー前から期待していて、

「まだまだ課題はあるけど、先々は大物になる予感がする」

と語っています。本番では潜在能力を引き出す騎乗でサポートし、ぜひとも無傷の3連勝を達成させてあげたいと思っています。

一方、阪急杯に出走するアグネスワールドに関してですが、森先生によると、

「昨年の疲れも取れて、順調に調教過程を消化している」

とのこと。前走のスプリンターズSでは、スタートから〝併せ馬状態〟が続くという厳しい展開に泣きました。しかし、最後の直線で他馬を振り切り2着を死守したあたりは、さすが仏GIを制覇した実力馬といったところです。

レース体系の変更により、昨年までは5月に行われていた高松宮記念（芝1200m）が、今年は3月26日に行われます。昨年まで実力ある短距離馬たちは今の時期を休養に充てていたのですが、これにより今年は年明け早々からビッシリと調教を積んでい

る馬が多く、大目標に向けて今回のレースには強豪馬が揃うようです。気を引き締めて臨み、勝って次走に弾みをつけたいですね。

アグネスワールドは夏に再び、海外遠征が予定されています。まずは「短距離国内最強」の栄誉を目指したいと思います。

（注・ピロマティア、アグネスワールドともに出走回避しました）

エアシャカール　姉に負けない素質馬

待ちに待った２０００年最初のＧⅠ・第17回フェブラリーステークス（ダート１６００ｍ／東京競馬場）は、オリビエ・ペリエ騎手騎乗のウイングアロー（牡6歳）が優勝しました。僕がコンビを組んだゴールドティアラ（牝5歳）は最後の直線、持ち前の勝負根性で昨年の覇者・メイセイオペラ（牡7歳）を捕らえ、ファストフレンド（牝7歳）の追撃を抑え切ったものの、半馬身及ばず2着。勝ち馬の切れ味のほうが一枚上手でした。

しかし、前半の4ハロンが45秒3という、ダート戦では異例の超ハイペースを後方から落ち着いて追走し、最後の直線でもしっかりと伸びてくれました。彼女の能力を存分に発揮できたレース内容には、満足しています。5歳牝馬ながら、牡馬トップクラスを相手にきわどい勝負ができたことも大きな収穫です。

今年から新設されたＧⅠ・ジャパンカップダート（11月25日／２１００ｍ／東京競馬場）出走を含め、今後の路線は未定ですが、このまま順調にいけばＧⅠホースの仲間入

りを果たすのもそう遠くはないでしょう。僕自身、彼女と共に戦ってきた感触から、
「ゴールドティアラは単なるダート馬で終わる馬じゃない」
という思いが強く、マイル戦ぐらいまでの短い距離ならば、芝・ダート問わず十分活躍できると考えています。

現在、中央競馬は芝のレースが主流で、ダートが得意の馬たちが出走できるレースは限られています。そのため、そういう馬でもやむをえず活躍の場を芝に求めることが多いのですが、彼女に関しては、逆に芝の重賞でいったいどんな走りっぷりを見せてくれるのか、楽しみなくらいです。

みなさんご存知のエルコンドルパサーは、ダートで２戦２勝。'96年のジャパンカップ優勝馬・シングスピールも、ダートGⅠ・ドバイワールドカップ制覇の実績を残しています。そんな名馬たちにゴールドティアラが少しでも近づけるよう、僕も精一杯サポートしていきたいと思っています。

さて、中山競馬場で、皐月賞トライアル・弥生賞（GⅡ／芝２０００ｍ）が行われます。パートナーはサンデーサイレンス産駒のエアシャカール（牡４歳／森秀行厩舎）。昨年暮れのホープフルステークス（OP／芝２０００ｍ／中山競馬場）を勝ち、同距

離、同競馬場で行われる皐月賞の優勝候補に一躍名乗りを上げた期待の馬です。

　血統も良い馬で、半姉には'98年に桜花賞3着、オークス2着、秋華賞3着などの華々しい活躍を見せたエアデジャヴーがいます。僕はエアデジャヴーに騎乗した経験はありませんが、当時のクラシック戦線を共に戦ったファレノプシス（牝6歳）のライバルとして鎬《しのぎ》を削っていたので、その強さは身をもって経験しています。中でも強烈な印象として残っているのは、桜花賞馬として自信を持って臨んだオークスです。

　エリモエクセルが一頭だけ抜け出した最後の直線坂上で、ファレノプシスはいったんエアデジャヴーの前に出ました。レース中最も厳しい攻防となる東京競馬場の坂上決戦を制し、エアとの勝負づけは済んだと思ったところを、驚異的な勝負根性で再度差し返されたのです。

　確かに、オークスでファレノプシスは距離適性に関して疑問視されていましたが、GIレベルで、叩き合いに競り勝ったはずの相手に再逆転されるなどというのはめったにないこと。エアデジャヴーの牝馬らしからぬ勝負根性には本当にびっくりさせられました。結果的にエリモエクセルが優勝したのですが、僕はこのレースを〝エアデジャヴーに屈したレース〟として、今も記憶しています。

　ただ、残念ながら彼女はクラシックの栄冠には縁がありませんでした。その悔しさを引き継ぐ弟のエアシャカールで今回のレースを勝って、姉が果たせなかったクラシック制覇に向けて大きく弾みをつけたいと思っています。今年のクラシック路線には、突出した馬がいまのところ現れず、予測がつきませんが、そんな混戦状態を彼と共に突き破っていきたいですね。

2000年3月5日　中山

第37回弥生賞（GII）

エアシャカール

2着（4番人気）

1　フサイチゼノン
2　エアシャカール
3　ラガーレグルス

枠連　4－8　380円
馬連　7－16　1420円

スギノトヨヒメ　フジキセキ産駒登場

2月26～27日のアーリントンカップと阪急杯で騎乗する予定だったピロマティア（牡4歳）、アグネスワールド（牡6歳）が、故障により2頭とも出走回避するというハプニングに見舞われました。何事もなく出走していれば間違いなく有力馬となり得た2頭です。僕も、

「今週は土日連続重賞制覇のチャンスだ！」

と意気込んでいました。それだけに、立て続けに舞い込んできたそのニュースを聞いた時は、本当に残念でしたね。

しかし、幸いなことに2頭とも競走馬生活が危機に晒《さら》されるような致命的なアクシデントではなく、早くも気持ちを切り替えて次走に向けての調教に取り掛かっているようです。ファンのみなさんにはご心配をおかけしたと思いますが、安心して下さい。

アーリントンCは3歳チャンピオン・エイシンプレストン（牡4歳）が、阪急杯は昨年のスプリンターズSを勝ったGIホース・ブラックホーク（牡7歳）が、強い競馬で

勝利をモノにしました。ピロマティア、アグネスワールドにとって、勝ち馬の2頭は路線的に今後もライバルとして鎬《しのぎ》を削り合っていくことになるはずです。次にぶつかった時には、ぜひとも今回の悔しさをバネに、きっちり借りを返したいと思っています。

　さて、4月9日の桜花賞（芝１６００ｍ／阪神競馬場）から始まる春のクラシックを目前に控え、元気な4歳馬たちが東西で熱戦を繰り広げています。僕の〝お手馬〟の中では、2月27日に行われたすみれＳ（ＯＰ別定／芝２２００ｍ）を圧勝したアタラクシア（牡4歳）などが順調にステップを消化していて、

「まずは第一関門突破」

　といったところですね。

　そんな中、桜花賞トライアル・4歳牝馬特別（ＧⅡ／芝１４００ｍ）が阪神競馬場で行われます。昨年はフサイチエアデール（牝5歳）と共に臨み、不利のあった最後の直線で怒《ど》濤《とう》の末脚を繰り出して優勝。本番の桜花賞でも2着に入線し、トップホースの仲間入りを果たしたゲンの良いレースです。

　連覇のかかる今年、コンビを組むのはスギノトヨヒメ（牝4歳／石毛厩舎）です。現在デビュー2連勝中で乗りに乗っている彼女は、今年のシンザン記念を勝ったダイアク

リーヴァ（牡4歳）らを輩出し、ますます注目を集めている種牡馬・フジキセキ産駒です。

フジキセキはサンデーサイレンスの初年度産駒で、'94年にデビュー。新馬、もみじS、朝日杯3歳S、弥生賞で無傷の4連勝を飾った稀代の名馬といえます。

僕も、外国産駒・スキーキャプテンに騎乗した朝日杯で彼のレースぶりを間近に見ましたが、ゴール前クビ差まで迫る2着が精一杯でした。それも、こっちは懸命に追っているにもかかわらず、相手は最後までほとんど馬なり。ケタ違いの能力をまざまざと見せつけられたことが印象に残っています。同期にはタヤスツヨシ（ダービー）、マヤノトップガン（菊花賞）、ジェニュイン（皐月賞）ら、そうそうたるメンバーが控えていたものの、レース後は、

「三冠レースは全部この馬に持っていかれるかもしれない」

と思ったほどです。

残念ながら、皐月賞に向けての調教中に屈ケン炎を発症し、そのまま種牡馬入り。フジキセキのクラシック制覇は夢と消えました……。

そんな父の夢を引き継ぐスギノトヨヒメですが、前2走はともに逃げるレースで圧勝。他馬の出方次第では、たとえ後方から追い込む展開になっても十分対応できる能力

も持っています。ところが、他馬とはあまりにもスピードの絶対値が違うため、自然に先頭に立ってしまうのです。

今回のレースには、函館3歳Sを勝ったエンゼルカロ（牝4歳）ら実力馬が続々とエントリーしていますが、彼女も実力的には決してひけを取りません。強い競馬を披露し、混戦状態が続く桜花賞戦線に最有力候補として名乗りを挙げたいと思っています。

（注・スギノトヨヒメは出走回避しました）

ラスカルスズカ　春の天皇賞目指して

間もなく始まる春のクラシック戦線に向け、東西のトライアルレースで本番への出走権を賭けて、4歳馬たちが熱戦を繰り広げています。

そんな中、3月5日に行われた皐月賞トライアル・弥生賞で、僕のパートナー・エアシャカール（牡4歳）が見事2着に入線。優勝馬のフサイチゼノン（牡4歳、藤田伸二騎手騎乗）には後れをとったものの、賞金的には皐月賞のみならず、ダービーまでの出走権利を獲得することに成功しました。

競馬関係者ならば、誰もが夢見るクラシック出走。そのために無理なローテーションを組み、肝心の本番で実力を発揮できなかった馬たちを、僕はこれまで何頭も見てきました。そういう意味でも、賞金的な余裕ができて、狙ったレースに向け理想的な調整ができるということは、悲願のクラシック獲得を目指すエアシャカールにとっては大きなプラス材料です。

エアシャカールはサンデーサイレンス産駒特有の激しい気性の持ち主。それに加え、キャリアが浅いということもあり、毎回パドックで大暴れしては、スタートで出遅れたりしています。つまり、まだまだ幼さが抜けきれていません。しかし、それが解消された時、いったいどれだけの馬に成長するのか、僕も想像できません。実力馬が集う次走の皐月賞までに、いったいどれだけ大人になってくれるでしょうか。本番が本当に楽しみになってきました。

さて、GⅡ・阪神大賞典（芝３０００ｍ／阪神競馬場）には、ラスカルスズカ（牡５歳）とのコンビで出走する予定です。

兄のサイレンススズカは主に中距離路線で活躍し、競馬史に残るとんでもないスピードの持ち主でした。弟のラスカルは兄に比べてスピードは劣るものの、父がサンデーサイレンスから中長距離戦線で実績を持つコマンダーインチーフに変わった影響でしょうか、無尽蔵のスタミナとパワーが最大の魅力です。

今回は、そんな彼のようなステイヤータイプの馬にはぴったりの、３０００ｍという長距離戦。枠順や道中の不利などによるまぎれが起こりにくく、その馬が持つ本来の実力が、そのままレース結果につながることが多くなります。

’91年、’92年のメジロマックイーン、’95年、’96年のナリタブライアン、昨年のスペシャルウィークと、ＧＩ馬がぞろぞろいる過去の阪神大賞典優勝馬を見れば、それが一目瞭然です。素質的には申し分のないラスカルスズカの今後を占う上で、重要な一戦になることは間違いありません。

　前走の万葉ステークス（ＯＰ特別／芝３０００ｍ）は、比較的楽なメンバー構成だったこともあり、危なげなく勝つことができました。その時ラスカルスズカは、まだ１６００万下の条件馬でしたが、何といっても、わずか4戦のキャリアで菊花賞3着、ジャパンカップ5着の華麗なる実績を持つ、いわば最強の「準オープン馬」。昨年の神戸新聞杯以来、久しぶりに手綱を取った僕も、かなりの自信を持って臨みました。

　前走後、陣営はすぐに、春の天皇賞（ＧＩ／芝３２００ｍ／京都競馬場）へのステップレースとして、ここへの出走を決めました。橋田調教師は、

「間隔は少しあいたが、順調に調教をこなしていて、とても良い状態で送り出せる」

と語っており、一線級相手にどんなレースを見せてくれるのか、僕も期待しています。

　先日の京都記念（芝２２００ｍ）を強い内容で制したテイエムオペラオー（牡5歳）をはじめ、天皇賞を狙うライバルたちが集結し、本番さながらの激しいレースになるでしょうが、負けたくはありませんね。

僕のお手馬の中では、間もなく始動する同厩舎のアドマイヤベガ（牡5歳）と共に、今年の古馬ＧⅠ戦線を戦っていく上で絶大な信頼を寄せているラスカルスズカ。僕自身、

「志半ばで逝ってしまったサイレンススズカの弟でＧⅠを獲りたい！」

という思いが強く胸の内にあります。偉大な兄に少しでも近づけるよう、ぜひとも勝って春の天皇賞に向かいたいと思います。

2000年3月19日　阪神

第48回阪神大賞典（GⅡ）

ラスカルスズカ

2着（2番人気）

1　テイエムオペラオー

2　ラスカルスズカ

3　ナリタトップロード

枠連　1－3　240円

馬連　1－3　240円

〝武豊の背骨〟

伊集院　静

今から二十六年前の秋のフランスで、イラストレーターの黒田征太郎氏が当時の日本の名ジョッキーだった野平祐二に遭遇した話がある。場所はパリ郊外にあるロンシャン競馬場。その日、ロンシャン競馬場では第五十一回の凱旋門賞が開催されていた。その日の朝、黒田氏は新聞で世界の凱旋門賞に日本の代表馬と名ジョッキーが参戦することを知り、競馬場へ駆けつけたそうだ。

パドックから本馬場へむかう野平祐二騎手を見つけて、黒田氏は当時の競馬ファンが彼をそう呼んだように、

「ユウちゃん」

と大声で叫んだ。野平氏と黒田氏は親しかったわけではない。あの頃、競馬ファンでなくとも野平祐二の名前は日本人なら誰もが知っていた。それほどの人気ジョッキーだった。

声に気付いた野平騎手は一瞬、声のした方角をちらりとふりむいて、ニヤリと笑ったそうだ。

「いや、その笑顔が大胆不敵というか、単身で世界の舞台に乗り込んだ男の面魂みたいなものを感じて、私も頑張らねばと思ったよ」

黒田氏は放浪の旅の途中だったとおっしゃっていたから、世界の桧舞台に単身乗り込んで堂々としていた日本人ジョッキーがよほど凛々しく映ったのだろう。私は数年前、その時の話を、野平氏の自宅を訪ねた折に伺ったことがあった。

「たしかに誰かが大声で私の名前を呼んで下さったのは覚えていますが、大胆不敵に笑っていたということはないでしょう。とてもそんな余裕のある心境ではありませんでした。たぶん緊張していて顔が歪んでいたんではないのでしょうか。そうに違いありません。あの頃、日本のサラブレッドと騎手が海外のレースに行くこと自体が夢みたいな話でしたから。ましてや勝つなんて。しかしいつかその日は来るでしょう。それは私たちの夢ですから……」

と野平氏は当時の世界と日本の競馬の格差を私に懐かしそうに語って下さった。

五年前、同じフランスの北の街、ドーヴィル競馬場で行われたＧＩレース、ジャック・ル・マロワ賞に武豊騎手はスキーパラダイスで出走した。そのレースを観戦に行っ

た俳優の小林薫氏が彼の騎乗ぶりを見て、

「いや、まるで見劣りなんかしてないんだ。堂々としていて、むしろフランスの若手ジョッキーより貫禄があったくらいだよ。タケ、タケって地元の人が声をかけていたくらいだもの。日本の騎手が海外のＧＩレースを制す日は近いんじゃないかな」

と感心していた。小林氏の言葉どおり、そのレースから二週間後、ロンシャン競馬場で開催されたＧＩレース、ムーラン・ド・ロンシャン賞で武豊騎手は同じスキーパラダイスで見事に初の日本人騎手としてＧＩレースを制覇した。スキーパラダイスは吉田照哉氏の所有馬でフランスで育成された牝馬であった。この勝利は武豊騎手にとっては海外での十四勝目であった。

二十数年の歳月が流れて、武豊という若くして才と智に恵まれた騎手によって日本の競馬関係者の夢が叶《かな》ったのである。勿論、この勝利には今は亡き吉田善哉という競走馬の生産に対して図抜けた情熱と信念を持った人物の存在があったことを忘れてはならないし、その遺志を継いだ吉田照哉氏の武豊騎手への信頼がある。事実、吉田照哉氏はスキーパラダイスに武騎手を起用した理由を、マスコミへのコメントで、

「僕は、武君が日本の騎手だから乗せるのではなく、勝つために乗せている、と言ってきた。それを証明してくれ、嬉しい」

と語っていた。

私はこの二人のコンビはこれからも世界の舞台で大きな仕事を成し遂げると信じている。この二人の将来を語るように、九五年の五月、日本人ジョッキーとして初めて武豊騎手は吉田照哉氏のスキーキャプテンに騎乗して、ケンタッキー・ダービーに挑戦している。レースの方は、チャーチルダウンズ競馬場がアメリカ特有の小回りの競馬場で、テンのスピードを要求する競馬になり、レース経験の少ないスキーキャプテンは残念ながら十四着に終わった。

「まずこのレースに騎乗できたということが出発点です」

と武豊騎手はレース後に語った。この言葉自体が、日本の競馬界が永年望んでいたものをストレートに表現していた。

いつも感心することだが、武豊騎手のレースの後のウィニングランを見たり、インタビューを聞いていると、彼があらかじめ、こんなふうにメインスタンドへ引き揚げてこよう、レースに勝った後はこう語ろうと準備していたのではないかと思うことがある。実際、雑誌の対談でそれに近いことを本人が話しているのを読んだことはあるのだが、そううまくいくほど競馬は簡単なものではないし、ましてや武豊騎手はまだ三十一歳の若者なのである。首差、鼻差で大レースを勝った後、興奮していないわけはない。ところが彼は、悠然とメインスタンドに戻りながら、勝利の余韻を観客に見せ、なるほどというコメントをマスコミやファンに送る。

たしかに過去にはいなかったタイプの騎手である。人馬一体となって馬群を割って突き進む姿は、優雅でさえもある。それでいて驕《おご》りが感じられない。それが競馬ファン以外の人たちにも支持される。彼が今、担っている競馬のイメージへの役割の大きさは、広告マンに料金換算をさせると何億までいくだろうか。今の日本の競馬ブームが彼の登場した時期と重なっているのは決して偶然ではないだろう。

私が彼の騎乗を初めて見たのは、デビューの年でテレビ画面の中だった。

「おや、身体の大きな騎手があらわれたな。これはゆくゆくは減量で苦しむのではないか」

というのが第一印象だった。騎乗ぶりにもまだひ弱さが感じられたが、他の新人ジョッキーと明らかに違っていたのは、スタートの良さと馬のあたり（馬への接触の仕方）がいい点だった。

「蛙《かえる》の子は蛙だ」

初年度、六十九勝でデビューし、新人王に輝いた時、マスコミは彼の父である武邦彦調教師の現役時代と重ねて、その血筋のことを書き立てた。ところがデビュー時から、

父の武邦彦氏は、

――豊は自分とはまるで違うジョッキーになるかもしれない

と感じていたそうだ。関西の騎手の名声をほしいままにしていた武邦彦氏の言葉である。

私が武豊君と出逢ったのは、デビュー二年目の秋であった。彼のＧＩクラシックレースの初制覇になるスーパークリークに騎乗した菊花賞の頃だった。この菊花賞の勝利は最年少のクラシック制覇の記録となった。その年彼は史上最年少のリーディングジョッキーの栄冠を得て、日本を代表するジョッキーになった。

私たちは酒場で出逢い、なんとなく声をかけ合うようになり、時折食事をしたり酒を飲んだ。このことは雑誌などにも何度も書いたことだが、あえてくり返させてもらうと、初めて食事に行った折、彼は私の真向かいに座っていて、二時間余りずっと正座をしていた。こちらが気付けば良かったのだが、宴の終わりになって足を楽にするように言うと、彼は笑って、

「ぜんぜん、大丈夫なんです」

と平然と言った。大丈夫なわけがない。この時、私はこの若者はどこか違っていると思った。正直、その後からはこちらがよほど武君のことを注意しておかないといけない

気がした。それから十三年の歳月が過ぎている。

よく周囲の人から武君はどうしてあんなに強いのですか、と聞かれることがある。

「本当ですね、どうしてですかね」

としか私も返答のしようがない。

たしかに血統を語らせても、自分が騎乗しないレースのビデオを見て研究することも、トレーニング場で他馬の調教を観察する力も図抜けていると関係者は語る。騎乗フォームひとつを見ても年々理想形に近づいている。

彼が若手のジョッキーたちと話しているのを聞いていると、例えば後輩が、

「今度のレース、僕の騎乗する馬は無理だと思うな」

などと口にすると、

「そんなことないよ。競馬やから勝てないことはないよ」

とはっきりと言う。そんな会話を聞いていると、なるほどと思ってしまうが、そんなことだけでは、これほどの力量の差が他の騎手と出るはずがない。

彼だけがどうしてかくも強いのか？　その理由を考えたが、彼の強さの秘密がまるでわからない。

私は、彼を家族以外で見守ってきた人のことを考えてみた。彼の師である故・武田作

十郎調教師と兄弟子の河内洋騎手である。武田氏のことは存知得ないので、河内騎手と彼の関係を考えてみた。

「河内さんから叱られたことはあるの？」

或る夜、私は彼に聞いたことがあった。

「いいえ、一度もありません」

と武君は言った。私はそのことを河内騎手にも聞いたことがある。

「叱ったことはありません。デビューの時も弟弟子としてすべきことはちゃんとしていたからな……。性格がいい子だから」

と嬉しそうに話していた。二人がたまたま酒場にいる時も武君は河内氏に対して礼を失うことがなかった。優等生と言えばそれまでだが、彼の行動には不自然なところがない。

兄弟子と並んだ武豊。ライバルジョッキーと並んだ武豊。両親や兄弟といる武豊。夫人と一緒の武豊……。さまざまな彼の姿を思い浮かべた時、私はひとつのことに気付いた。それは、私の友人が洩らした言葉である。

「君は武君と一緒にいると珍しくしあわせそうな顔をしているな」

たしかにそれに似た感情はある。

私はその言葉を思い出し、例えば生産者や馬主の人たちが彼と接触している表情を思い浮かべた。シャダイの吉田照哉氏、ヤマニンの土井睦秋氏、森秀行調教師……、彼よりはるかに年長の立派な企業の経営者たちが武君と一緒にいる時、一様にしあわせそうな表情をしている。

なるほど、彼を囲む人たちは武豊に何らかの夢を託しているのではないかと思った。その夢のかたちは異なっているものの、彼ならそれを叶えてくれそうに思えるのではなかろうか。そう考えると、武君本人の中に周囲の人たちの夢をかかえ込めるだけの、大きな夢のようなものがあるのではないかという気がしてきた。ひょっとしてそれは本人もまだ気付いていない夢なのかもしれない。

私たちは十三年間、競馬の話をしたこともなければ、人生のことを話し合うこともなかった。それはそうである。私から見ると彼はまだ若いし、私自身彼に語れるものが何もないからである。しかしでき得れば、私は彼の夢を叶えてやれるちいさな力ではありたいと願っている。

終わりになって、或るひとつのことを思い出した。あれはもう十年ほど前になるだろうか。私は武君の実家で、母上の洋子さんと話す機会があった。

「私、あの子のプライドだけは守って育てようと思いました」

と母上がふと話されたことがあった。なるほどと思った。

私はその言葉が武君と交際をしていく上でひとつの基準となっていたような気がする。

武豊騎手の強さの理由は、周囲の人たちが彼の中に見つけた〝誇り〟なのではあるまいか。野茂英雄にしても、中田英寿にしても、若くして世界の桧舞台で堂々と立っている人の姿には、誇りが感じられる。その誇りこそが、私たちが見失っている大切なものなのだろう。

彼等はスターである。私たちの夢の代弁者である。階段を登る者には苦節はつきまとう。しかし彼等がなおも登り続けるのは、彼等の背骨に宿る、誇りなのだろう。贔屓《ひいき》の私としては、あらゆる時においても、彼等を見守り応援し続けたいのである。それが贔屓というものだから……。

〈索引〉

この本は、『週刊現代』'98年4月20日号〜２０００年3月28日号に掲載された、
著者の好評連載「この馬にきいた」をオリジナル文庫としてまとめたものです。
（伊集院静氏のエッセイは、『ＲＯＮＺＡ』'95年9月号掲載文に加筆修正しました）

編集協力／工藤晋（Ｋ　ＰＲＯＤＵＣＴＩＯＮ）

|著者|武 豊　1969年京都市生まれ。1987年騎手デビューし、新人最多勝記録を更新、19歳1ヵ月で最年少通算100勝も達成する。数々の名馬にまたがり、1999年までにGIだけでも31勝をあげる。実力、人気ともに、日本を代表するNo.1ジョッキー。

この馬《うま》に聞《き》いた！

武《たけ》 豊《ゆたか》

2000年4月15日第1刷発行
2000年5月12日第2刷発行

発行者——野間佐和子
発行所——株式会社 講談社
東京都文京区音羽2-12-21　〒112-8001
電話 出版部 (03) 5395-3510
販売部 (03) 5395-3626
製作部 (03) 5395-3615

Printed in Japan

落丁本・乱丁本は小社書籍製作部あてにお送りください。送料は小社負担にてお取替えします。なお、この本の内容についてのお問い合わせは文庫出版部あてにお願いいたします。
(庫)

講談社文庫
定価はカバーに
表示してあります

デザイン—菊地信義
製版——凸版印刷株式会社
印刷——豊国印刷株式会社
製本——株式会社若林製本工場

ISBN4-06-264838-5

講談社文庫刊行の辞

二十一世紀の到来を目睫に望みながら、われわれはいま、人類史上かつて例を見ない巨大な転換期をむかえようとしている。

世界も、日本も、激動の予兆に対する期待とおののきを内に蔵して、未知の時代に歩み入ろうとしている。このときにあたり、創業の人野間清治の「ナショナル・エデュケイター」への志を現代に甦らせようと意図して、われわれはここに古今の文芸作品はいうまでもなく、ひろく人文・社会・自然の諸科学から東西の名著を網羅する、新しい綜合文庫の発刊を決意した。

激動の転換期はまた断絶の時代である。われわれは戦後二十五年間の出版文化のありかたへの深い反省をこめて、この断絶の時代にあえて人間的な持続を求めようとする。いたずらに浮薄な商業主義のあだ花を追い求めることなく、長期にわたって良書に生命をあたえようとつとめるところにしか、今後の出版文化の真の繁栄はあり得ないと信じるからである。

同時にわれわれはこの綜合文庫の刊行を通じて、人文・社会・自然の諸科学が、結局人間の学にほかならないことを立証しようと願っている。かつて知識とは、「汝自身を知る」ことにつきていた。現代社会の瑣末な情報の氾濫のなかから、力強い知識の源泉を掘り起し、技術文明のただなかに、生きた人間の姿を復活させること。それこそわれわれの切なる希求である。

われわれは権威に盲従せず、俗流に媚びることなく、渾然一体となって日本の「草の根」をかたちづくる若く新しい世代の人々に、心をこめてこの新しい綜合文庫をおくり届けたい。それは知識の泉であるとともに感受性のふるさとであり、もっとも有機的に組織され、社会に開かれた万人のための大学をめざしている。大方の支援と協力を衷心より切望してやまない。

一九七一年七月

野間省一

講談社文庫　目録

講談社文庫　目録

赤川次郎　次女と野獣〈三姉妹探偵団13〉
赤川次郎　沈める鐘の殺人
赤川次郎　冠婚葬祭殺人事件
赤川次郎　人畜無害殺人事件
赤川次郎　棚から落ちて来た天使
赤川次郎　純情可憐殺人事件
赤川次郎　静かな町の夕暮に
赤川次郎　ぼくが恋した吸血鬼
赤川次郎　秘書室に空席なし
赤川次郎　結婚記念殺人事件
赤川次郎　微熱
赤川次郎　死が二人を分つまで
赤川次郎　豪華絢爛殺人事件
赤川次郎　乙女の祈り
赤川次郎　妖怪変化殺人事件
赤川次郎　我が愛しのファウスト
赤川次郎　流行作家殺人事件
赤川次郎ほか　二十四粒の宝石〈超短編小説傑作集〉
赤川次郎／横田順彌　二人だけの競奏曲

泡坂妻夫　死者の輪舞
新井素子　グリーン・レクイエム
新井素子　二分割幽霊綺譚
新井素子　あなたにここにいて欲しい
新井素子　緑幻想〈グリーン・レクイエムII〉
新井素子　とり散らかしておりますが
新井素子　わにわに物語
新井素子　ぬいは今日も元気です〈わにわに物語II〉
新井素子　近頃、気になりません？
安土　敏　小説スーパーマーケット(上)(下)
安土　敏　ビジネス人生・幸福への処方箋
朝日新聞経済部　銀行〈その実像と虚像〉
阿久　悠　飢餓旅行
阿佐田哲也　先天性極楽伝
阿佐田哲也　ヤバ市ヤバ町雀鬼伝1〜2
阿井景子　濃姫孤愁
浅野健一　犯罪報道の犯罪
浅野健一　新・犯罪報道の犯罪
浅野健一　マスコミ報道の犯罪

浅野健一　日本大使館の犯罪
安能務訳　封神演義 全三冊
安能　務　春秋戦国志 全三冊
安能　務　中華帝国志 全三冊
安能　務　八《パ》股《クー》と馬《マ》虎《フー》〈中華思想の精髄〉
安能　務　隋唐演義 全三冊
赤瀬川隼　朝焼けの賦〈小説・村田新八〉
阿部牧郎　誘惑調査室
阿部牧郎　誘惑教室
阿部牧郎　誘惑大人
阿部牧郎　それぞれの終楽章
阿部牧郎　不倫の戦士たち
阿部牧郎　危険な秋
阿部牧郎　深夜の顔
阿部牧郎　オフィス街のエロス
阿部牧郎　危険な夕暮
阿部牧郎　オフィスラブ 甘い誘惑
阿部牧郎　危険な協奏曲《コンチェルト》
阿部牧郎　出口なき欲望

阿部牧郎　雨の夜の秘密
阿部牧郎　惑いの年
阿部牧郎　盗まれた抱擁
嵐山光三郎　同窓会奇談
嵐山光三郎　素人庖丁記
嵐山光三郎　素人庖丁記〈カツ丼の道篇〉
嵐山光三郎　素人庖丁記・海賊の宴会
嵐山光三郎　素人庖丁記・ごはんの力
嵐山光三郎　自宅の妾宅
安部譲二　ぼくのムショ修業
安部譲二　ジェット・ストリーム
安部譲二　泣きぼくろ
安部譲二　俺達は天使《カタギ》じゃない
安部譲二　時速十四ノット、東へ
安部譲二　囚人道路
安西水丸・絵 小玉節郎・文　水玉大全集
相部和男　こんな親が問題児をつくる〈一万人の非行相談から〉
綾辻行人　十角館の殺人
綾辻行人　水車館の殺人

綾辻行人　迷路館の殺人
綾辻行人　人形館の殺人
綾辻行人　時計館の殺人
綾辻行人　黒猫館の殺人
綾辻行人　緋色の囁き
綾辻行人　暗闇の囁き
綾辻行人　アヤツジ・ユキト1987—1995
阿井渉介　Y列車の悲劇
阿井渉介　赤い列車の悲劇
阿井渉介　銀河列車の悲しみ
阿井渉介　虹列車の悲劇
阿井渉介　黒い列車の悲劇
阿井渉介　まだらの蛇の殺人〈警視庁捜査一課事件簿〉
阿井渉介　風神雷神の殺人〈警視庁捜査一課事件簿〉
我孫子武丸　8の殺人
我孫子武丸　0の殺人
我孫子武丸　メビウスの殺人
我孫子武丸　探偵映画
我孫子武丸　人形はこたつで推理する

我孫子武丸　人形は遠足で推理する
我孫子武丸　人形は眠れない
我孫子武丸　殺戮にいたる病
赤瀬川原平　少年とグルメ
阿部陽一　フェニックスの弔鐘
有栖川有栖　マジックミラー
有栖川有栖　46番目の密室
有栖川有栖　ロシア紅茶の謎
有栖川有栖　スウェーデン館の謎
有栖川有栖　ブラジル蝶の謎
明石散人 佐々木幹雄　東洲斎写楽はもういない
明石散人　二人の天魔王〈「信長」の真実〉
明石散人　龍安寺石庭の謎〈スペース・ガーデン〉
明石散人　ジェームス・ディーンの向こうに日本が視える
明石散人　謎ジパング〈誰も知らない日本史〉
明石散人　アカシック ファイル〈日本の「謎」を解く！〉
赤羽建美　メトロ・クルージング
安野光雅　黄金街道
安野光雅　読書画録

講談社文庫　目録

姉小路　祐　刑事《デ》事《カ》長《チョウ》
姉小路　祐　刑事長《デカチョウ》四の告発
姉小路　祐　刑事長《デカチョウ》越権捜査
姉小路　祐　刑事長《デカチョウ》殉職
姉小路　祐　東京地検特捜部
浅川　純　しあわせのわけまえ
浅川　純　浮かぶ密室
浅川　純　水戸・日立ビジネス特急誘拐事件
浅川　純　平成カイシャイン物語
足立邦夫　ドイツ傷ついた風景
雨の会編　ミステリーが好き
雨の会編　やっぱりミステリーが好き
足立倫行　アダルトな人びと
麻生圭子　恋愛パラドックス
浅田次郎　日輪の遺産
浅田次郎　勇気凜凜ルリの色
浅田次郎　四十肩と恋愛
浅田次郎　地下鉄に乗って
秋元　康　好きになるにもほどがある

秋元　康　明日は明日の君がいる
荒川じんぺい　週末は森に棲んで
荒川じんぺい　週末は山歩き〈「初めて」からのお役立ちガイド・エッセイ〉
青木　玉　小石川の家
青木　玉　帰りたかった家
阿木燿子　ちょっとだけ堕天使
天樹征丸　金田一少年の事件簿1〈オペラ座館・新たなる殺人〉
天樹征丸　さとうふみや画　金田一少年の事件簿2〈幽霊客船殺人事件〉
芦辺　拓　殺人喜劇の13人
浅田秀子　知らないと恥をかく「敬語」
浅川博忠　小説角栄学校
浅川博忠　小説角福戦争
荒　和雄　銀行マンの掟
荒　和雄　ペイオフ〈あなたの預金が危ない!〉
愛川　晶　七週間の闇
五木寛之　恋歌
五木寛之　ソフィアの秋
五木寛之　こがね虫たちの夜
五木寛之　海を見ていたジョニー

五木寛之　地図のない旅
五木寛之　さらばモスクワ愚連隊
五木寛之　狼のブルース
五木寛之　ヒットラーの遺産
五木寛之　海峡物語
五木寛之　風花のひと
五木寛之　鳥の歌(上)(下)
五木寛之　燃える秋
五木寛之　みみずくの大サーカス〈流されゆく日々'76〉
五木寛之　雨の日の珈琲屋で〈流されゆく日々'77〉
五木寛之　真夜中の望遠鏡〈流されゆく日々'78〉
五木寛之　ナホトカ青春航路〈流されゆく日々'79〉
五木寛之　海の見える街にて〈流されゆく日々'80〉
五木寛之　改訂新版 青春の門 全六冊
五木寛之　旅の終りに
五木寛之　野火子
五木寛之　旅の幻燈
五木寛之　メルセデスの伝説
五木寛之　男が女をみつめる時

講談社文庫　目録

五木寛之　疾《はし》れ！逆ハンぐれん隊
五木寛之　爆走《ばくそう》！逆ハンぐれん隊
五木寛之　危《あや》うし！逆ハンぐれん隊
五木寛之　挑戦《チャレンジ》！逆ハンぐれん隊
五木寛之　珍道中《ちんどうちゅう》！逆ハンぐれん隊
五木寛之　怒《いか》れ！逆ハンぐれん隊
五木寛之　さらば！逆ハンぐれん隊
井上ひさし　モッキンポット師の後始末
井上ひさし　ブラウン監獄の四季
井上ひさし　歌麿の世界
井上ひさし　喜劇役者たち
井上ひさし　モッキンポット師ふたたび
井上ひさし　ナイン
井上ひさし　たそがれやくざブルース
井上ひさし　闇に咲く花
井上ひさし　四千万歩の男 全五冊
井上ひさし　百年戦争(上)(下)
井上ひさし 樋口陽一　「日本国憲法」を読み直す
井上ひさし 司馬遼太郎　国家・宗教・日本人

生島治郎　死ぬときは独り
生島治郎　総統奪取
生島治郎　世紀末の殺人
生島治郎　浪漫疾風録
生島治郎　星になれるか
池波正太郎　忍びの女(上)(下)
池波正太郎　近藤勇白書
池波正太郎　殺しの四人〈仕掛人・藤枝梅安〉
池波正太郎　梅安蟻地獄〈仕掛人・藤枝梅安〉
池波正太郎　梅安最合傘〈仕掛人・藤枝梅安〉
池波正太郎　梅安針供養〈仕掛人・藤枝梅安〉
池波正太郎　梅安乱れ雲〈仕掛人・藤枝梅安〉
池波正太郎　梅安影法師〈仕掛人・藤枝梅安〉
池波正太郎　梅安冬時雨〈仕掛人・藤枝梅安〉
池波正太郎　まぼろしの城
池波正太郎　私の歳月
池波正太郎　殺しの掟《おきて》
池波正太郎　よい匂いのする一夜
池波正太郎　梅安料理ごよみ

池波正太郎　田園の微風
池波正太郎　新 私の歳月
池波正太郎　抜討ち半九郎
池波正太郎　剣法一羽流
池波正太郎　若き獅子
池波正太郎　池波正太郎の映画日記〈1978・2～1984・12〉
池波正太郎　きままな絵筆
井上靖　楊貴妃伝
井上靖　本覚坊遺文
伊藤桂一　静かなノモンハン
伊藤桂一　秘剣やませみ
石川英輔　大江戸神仙伝
石川英輔　大江戸仙境録
石川英輔　大江戸えねるぎー事情
石川英輔　大江戸遊仙記
石川英輔　大江戸テクノロジー事情
石川英輔　SF三国志
石川英輔　大江戸仙界紀
石川英輔　大江戸生活事情

講談社文庫　目録

石川英輔　大江戸泉光院旅日記
石川英輔　大江戸リサイクル事情
石川英輔　大江戸庶民事情
石川英輔　雑学「大江戸庶民事情」
石川英輔　2050年は江戸時代〈衝撃のシミュレーション〉
石川英輔　大江戸仙女暦
田中優子・石川英輔　大江戸ボランティア事情
石牟礼道子　苦海浄土〈わが水俣病〉
今西祐行　肥後の石工
今西祐行　ヒロシマの歌ほか
いわさきちひろ　ちひろのことば
松本猛　いわさきちひろの絵と心
松本猛　ちひろへの手紙
いわさきちひろ　ちひろ・子どもの情景
絵本美術館編　ちひろ・紫のメッセージ
絵本美術館編　ちひろ〈文庫ギャラリー〉
絵本美術館編　ちひろの花ことば〈文庫ギャラリー〉
絵本美術館編　ちひろ・アンデルセン〈文庫ギャラリー〉
絵本美術館編　ちひろ・平和への願い〈文庫ギャラリー〉
石野径一郎　ひめゆりの塔
入江泰吉　大和路のこころ

井沢元彦　猿丸幻視行
井沢元彦　本廟寺焼亡
井沢元彦　六歌仙暗殺考
井沢元彦　修道士の首〈織田信長推理帳①〉
井沢元彦　五つの首〈織田信長推理帳②〉
井沢元彦　謀略の首〈織田信長推理帳③〉
井沢元彦　ダビデの星の暗号
井沢元彦　義経の無い犯罪者
井沢元彦　義経幻殺録
井沢元彦　欲望はここにいる
井沢元彦　芭蕉魔星陣
井沢元彦　光と影の武蔵〈切支丹秘録〉
色川武大　明日泣く
李御寧　「縮み」志向の日本人
一ノ瀬泰造　地雷を踏んだらサヨウナラ
石森章太郎　トキワ荘の青春〈ぼくの漫画修行時代〉
伊藤雅俊　商いの心くばり
泉麻人　丸の内アフター5
泉麻人　オフィス街の達人

泉麻人　東京23区動物探検
泉麻人　地下鉄の友
泉麻人　地下鉄の素
泉麻人　おやつストーリー〈オカシ屋ケン太〉
泉麻人　バナナの親子
泉麻人　東京タワーの見える島
井伊直行　わたしはネコである
いしいひさいち　さして重要でない一日
伊集院静　三年坂
伊集院静　乳房
伊集院静　遠い昨日
伊集院静　夢は枯野を〈競輪路傍旅行〉
伊集院静　峠の声
伊集院静　白秋
伊集院静　潮流
伊集院静　機関車先生
伊集院静　冬の蜻蛉
伊集院静　オルゴール
伊集院静　昨日スケッチ

2000年3月15日現在